ZERO経済

国債の価値、日銀の金利、アベノミクスの成功率 ―
全てゼロ？

0

アダム・コルソン、マイケル・ランズ 著

田中 富美 訳

Original Title
Kamikaze Economics: A Story of Modern Japan
by Michael Rands and Adam Coulson

目次

まえがき

　2012 年 10 月、本書のオリジナルバージョンである「Kamikaze Economics」を出版した。その頃の日本は、円高で 1 ドルが 80 円で取引されていたことはまだ記憶に新しい。当時の日銀総裁、白川方明氏は、急進的な金融政策は、長い目でみると日本の金融問題を解決できない、と主張しており、私たち自身もそれには賛成だった。しかし同時に、もし白川氏がその方向で意見を貫くなら、彼が日銀総裁というポジションに就いていられるのはそう長くはないだろうと予想していた。

　20 年にも渡るデフレや経済の停滞を経験し、日本は変化の時を待っていた。私たちは、その変化はすぐに来るだろうと見込み、どのようなシナリオでそれが起こるのかを一つ一つ挙げていった。例えば、政府は、政府に対して「友好的な」人材を日銀に送り込み、政府が必要な時に望むだけのお金を増刷できるようにすること、対ドルで円の価値が劇的に下がり始めること、また株式市場もそれに呼応すること。

　2012 年 12 月末に、安倍政権が発足し、今や世界中で知られる「アベノミクス」と呼ばれる金融政策が実施されることになった。そして新しい日銀総裁には、政府に「友好的な」黒田東彦氏が選ばれた。その時、私たちは思った。安倍氏と

黒田氏は、本書のオリジナルバージョンである「Kamikaze Economics」を購入した初めての人達ではなかろうかと。

　ただ、もしこの2人が私たちの本を最後まで読んでいたなら、円の価値を弱めることや、緩やかなインフレでは、日本の金融危機を解決できないことは既に認識しているはずだ。今始まったばかりの金融政策は単なる序章に過ぎない。もし次に何が起こるのかを知りたいなら、本書を最後まで読んで頂ければわかる。いや、むしろ日本は、ひしひしと迫ってくるこれら危機をしっかりと見据え、積極的に解決に向けて動くことが必要だと感じている。この本は色々な意味で、あなたを最後まで惹き込むことを保証する。

2013年5月21日
アダム・コルソン、マイケル・ランズ

第1章　はじめに

　我々は、金融不安の時代を生きている。一つ問題を解決しても、次から次へと新たな難題が生じてくる状況だ。

　例えば、アメリカでは、株式市場が景気後退前の高値に戻ってきており、状況は良くなってきたかのように見える。しかし、ウォール街の一歩外に出ると事態はそこまで楽観視できない。失業率は、依然高いままであり、アメリカの中央銀行にあたる連邦準備制度理事会（FRB）は、この状況が改善されるまで限りなく貨幣を増刷することを決めた。またユーロ圏は長引く不況の中で、ユーロ通貨の統合がいつ崩壊するかもしれない脅威にさらされている。中国では、深刻な社会不安を招くハードランディングに頭を悩ませ、中国政府も紙幣印刷機をフル回転させている。世界は全体的にあまり芳しい状

況ではない。

　一方、地球の極東には、世界の多くの人が強く聡明でたくましい砦というイメージを抱いている、神秘的な島国がある。確かに、その島国でも金融不安に対する問題は存在しているようだが、他の国と比較して難なく対応できているかのようにみえる。その島国は、過去に幾度となく世界を驚かせ、何世紀にも渡り西洋人に対し、何か独特で特別なイメージを与え続けている。その国とは、国民にニホン、またはニッポンと称される「日の昇る国」である。

　しかし、この偉大な国、日本は非常に不安定な状況下に置かれている。人口減少や株式市場の低迷、政府の大規模な債務が、一部のアナリストたちを悩ませている。今は、他の主要経済圏の危機が、世界を混乱させていることで、日本の悲惨な状況が見えにくくなっている。しかし、次の大規模な経済危機の舞台が日本であることには、ほぼ間違いない。

　その危機がいつ起こるのかは、はっきりとわからない。しかし、日本が早急に何らかの対策を行わない限り、この先10年以内に深刻な財政破綻が起こることは確実だ。最悪の場合、国はバラバラに崩壊してしまうだろう。失業率は急上昇し、外国語教育を受けた若者は、国外に逃亡してしまう。また、国民の貯蓄はハイパーインフレによって一掃され、社会的利益は消滅するだろう。更に、自国の通貨が価値を失うことで、エネルギーの輸入コストがかさみ、国全体は計画停電に悩むだろう。また世界的に有名なこの国の公共交通機関は、誰にも利用されることがなくなり、現在の立派な面影は跡形もなく消え去ってしまうだろう。かつては誇り高かったこの島に日が沈む時が来るのかもしれない。

　だが、日本は無力な国ではない。天然資源に乏しいこの島国が、世界の中でも最大の金融大国の一つとしてのし上がってきたことは決して偶然ではない。国内外の評論家は、これか

ら起こりうる危機についてさまざまな論評をしている。その内容は、状況が悪化すればするほど、そして日本の置かれている状況に世界が目を向ければ向けるほど、今何が起きており、これから何が起こるのか、この崩壊は、なぜ、どのようにして始まったのかという解説に向かい、その対処法についてのアドバイスがたくさん出てくるだろう。恐らく外国の評論家は、彼ら自身の文化的な見地から、気楽に結果を予測し、解決策を提案するに違いない。しかし、私たちは、日本で数年間生活してきた外国人として、西洋人が心底、そして完全に日本人の考え方を理解することは、ほぼ不可能であることを深く認識している。また、西洋人のペンで描かれる危機の予測や、それに対する解決方法のほとんどが、正確さに欠けると感じている。それゆえ、私たちは国内総生産（GDP）に対する負債割合が世界で最も高い（絶対数ではアメリカに次いで2番目）という経済の病に日本を追い詰めてしまった、日本の社会、歴史、文化、経済、政治的要因をできるだけ忠実に、かつ正確に説明することに努めた。そして、この危機の展開を見ながら、私たちなりの観点で、最も可能性の高いシナリオとして考慮すべき点を挙げ、最後に、日本が直面する問題への解決策を提案したい。なお、この解決策とは、西洋のメディアが提案するような大量の移民政策という類いの、ありふれたものではない。私たちは、日本の大惨事が世界にどのような影響を与えることになるかを予測する。そして、もし、あなたが日本人であるなら、またはこの国から恩恵を得ようとしている人であるならば、もしくは混乱を利用して利益を得ようとするタイプの人であるならば、財政的に自分自身を守る方法を提案したい。

　しかし結局のところ、日本がどのような方法で財政破綻を回避していくかを予見するのは不可能だ。それがどんなに深刻なことになるのか、そしてどんな姿になっていくのかは、指導

者や市民の行動に関わってくるし、もちろん単純に予測不可能な運命のいたずらも起こるかもしれない。人口推移問題や社会問題によって起こる日本の大惨事は、他の全ての先進国が直面するだろうし、あるいは既に始まっているかもしれない。

　この本を読むことで、微力ながら、もう既に興味を失ってしまっている読者の好奇心を駆り立て、日本の置かれている状況に対する理解力と洞察力を養う手助けになればと願っている。

　ぜひとも最後まで楽しんで頂きたい。

第2章　日本が歩んで来た道

　江戸時代の 1633 年から 1639 年にかけて、徳川幕府は外国人による日本への入国や、日本人の出国を禁じる数々の法令を発布し、違反した者を処刑した。いわゆる鎖国である。日本が外界から孤立していた鎖国の時期の江戸や大阪は、人口密度が特に高く、世界の中でも主要な大都市だったが、非常に平和で大きな戦争や革命が起こることはなかった。その後、1853 年に来航してきたマシュー・ペリーが開国を迫り、1854 年には、正式に鎖国が廃止された。この時期から日本経済は、ゆっくりと、そして順調に成長していくことになる。

　しかし、開国は社会的混乱をもたらした。約 2 世紀にも渡り大きな変化のなかった日本は、自国の技術が他国と比べて劣っているという事実に直面した。また、日常生活や行動の

あらゆる面が成文化されていた日本社会は、儀式的で、かつ審美的であった。そのため、日本人は、外からの侵略者は、無骨で粗野な生き物であるとし、自分たちは西洋人とは根本的に異なるという意識をかたくなに持ち続けたのだ。

　日本人は実践的な現実主義者である。世界が西洋の圧力によって征服されていたことを知り、欧米列強に対抗できる唯一の方法は彼らから学ぶことだと悟った。1868年に明治時代が始まり、日本人は、欧米の大学へ何百人もの学者を派遣し、また外国人講師を日本へ招き、西洋のさまざまなシステムや技術を一気に取り入れた。日本は、この時期まで身分や地位が絶対である厳格な封建制度社会だった。そのため、西洋のシステムやアイデアが日本に持ち込まれるようになった産業時代の初期には、主に武士階級や旧社会の官僚たちが、この独特の封建制度によって、外界から入ってくるものをろ過する役目を担った。大学、政府、官僚組織、そして来たる世紀に名をとどろかせることになる日本の大企業は、全てこのような封建制度に沿い、特定の組織として形成されていった。後にこの組織は、財閥として知られ、日本経済の広い分野で指揮をとることになる。

　この時期から日本人は、非常に優秀である民族として欧米で高い評価を得るようになる。第一次世界大戦が終結する頃には、完全な産業国家として世界で9番目の経済大国になっていた。ヴェルサイユ条約の調印時には、非西洋国家として参加した唯一の国であった。指導者の任期が一世代ごとと短く、孤島で国際的影響力などゼロに等しいというイメージを払拭し、日本は大国へと成長していった。

　その後日本は、数十年で軍国主義国家となり、1920年代までに年間1万機以上の戦闘機を製造するようになる。また、軍事的、政治的指導者とつながりのある財閥は、急速な軍事化に恩恵を受けた。当時の指導者たちは、日本がいかなる外

国勢力にも屈さず、外国の植民地にならないように統制した。大戦前の世代は物事を一歩進んで見ようとし、他国を植民地化する野望を持っていた。他国の植民地化は、天然資源の獲得手段として、妥当なリーダーシップと言えるだろう。そして、アジア諸国の中でも巨大な産業と経済的な利点を手に入れた日本は、短期間で中国からフィリピンにかけて帝国を築いていった。

　しかし、第二次世界大戦が終焉を迎えるまでに、日本は国自体が破壊され、領土の全てを失い、産業の40％以上が消滅した。日本がアメリカに降伏した後、アメリカによって国内に軍事基地が設置され、その多くは今日でも存在している。アメリカは、日本の侵略に対し日本を罰することは逆効果であり、日本の平和は、世界の平和のために不可欠と考えた。そこで、日本再建計画の初期段階でインフラに投資したり、新たな経済・政治政策を立案したりして、日本をサポートした。

　その後1950年代の初頭までに、日本は最新の機器を備えて産業の再建を実現し、アメリカやヨーロッパの一部に対し、競合として名乗りを上げることになる。当時の日本は、弱い通貨と安い人件費、そして自らを自由貿易国と称していたヨーロッパとアメリカの市場との貿易を可能にしたことが強みであった。また、日本人は教養があり、帰還兵は規律ある労働力であった。加えて、多くの労働組合が、経営陣に対し良心的であり、賃金はその後数十年で大幅に増加することが可能だったにも関わらず、労働者は国全体の経済の拡大よりも高い賃金を要求しなかったのだ。

　企業はこの期間に、今日まで日本で広く実践されている伝統を確立することになる。日本人男性は、卒業後すぐに働き、終身雇用という約束と引き換えに、企業への絶対的な忠誠心を求められた。一方で女性は、結婚して家に留まり、家族や家計を支えることを期待された。また日本人には、「もった

いない」という物を無駄に扱う事は不道徳であるという、倹約の精神が伝統として根付いている。これに政府による貯蓄の奨励が加わり、日本人は戦後数十年を通じ、稼ぎの平均30%を貯蓄し、巨額の富を築いた。またこの貯蓄は、社会のためのお金として、継続する経済成長に貢献し、50年代から70年代までの間に、日本の経済は一年間で10%近く成長した。当時の円は、他の主要世界通貨と比べてかなり弱く、1ドルに対し約350円で取引されていたため、日本で安く生産された物が欧米市場にあふれていった。また、日本は進んでアメリカの自由貿易の手法を真似したが、そのアメリカの好意に報いる代わりに、保護主義政策を行い輸入品に対して、大きな関税を課した。その結果、日本は大規模な貿易黒字を実現し、輸入に依存していた石油や原材料の金額を簡単に相殺することができたのだ。

　70年代の終わりから80年代を迎える頃、学校を卒業した学生たちは、保険会社、銀行、不動産会社、電子機器、ハイテクや通信関連の企業の一員として働き始める様になり、ますますサービス関連の雇用が増加していった。そして、1980年代前半、アメリカドルは他の主要通貨に対して非常に強くなり、これがアメリカにとって大打撃となった。1985年にアメリカは、日本、ドイツ、イギリスに対しプラザ合意に批准することを要請し、その中で為替市場に積極的に協調介入することでドル安に誘導することを合意した。アメリカの計画は成功し、この時点から日本円は、全ての外貨に対し、現在の水準である高値に向かって急上昇し始めた。これは、日本の輸出業にとって大きな痛手であったが、銀行や投機家には好都合であった。急激に強くなる円に対応するため、日銀は膨大な量の円を発行しマネタリーベース（日本銀行が銀行などの金融機関に供給しているお金の残高）を増加させていった。

　1980年代の日本経済は、電子機器、技術、情報の分野に焦

点を当てるようになり、莫大な資金力のバックアップによって、日本は多くの分野で先駆者となった。世界は日本の継続的な成長ぶりを、尊敬と畏れが入り混じった眼差しで見つめていた。当時、日本人や世界の多くの人々は、この状況を新しいタイプの資本主義が考案されたと興奮し、バブルという認識はしていなかったのだ。

そして日本は1980年代の後半にいわゆる「バブル景気」に突入し、倹約的な国から桁外れの消費国へと変貌していく。当時、国内消費はGDPの大部分を占めており、経済の急成長によってお金の流れが生まれ、日本人はお金持ちになっていった。ハイテク産業は、投資拡大によって世界のトップの座に登りつめ、電子機器ブランドは世界市場を支配し、価格は非常識なレベルにまで高騰した。日銀は、更なる投機を促進させるため低金利を維持し、お金は不動産や株式へと流れていった。次第にお金は、アメリカやヨーロッパからも日本へ流れ始め、株式や不動産の価格を更に押し上げ、銀行はより大きなリスクに挑むようになる。また、国民までが銀行からお金を借り、レバレッジによって大量の株式ポートフォリオと数個の不動産物件を所有することが一般的になった。

1980年代後半は、新聞の紙面上では、日本の総資産額はアメリカよりも多く、世界で最も裕福な国と書かれていた。資産額は、ほんの数年の間に倍増し、東京の不動産がアメリカ全土の不動産以上の価値となり、銀座のとある土地一坪当りの価格は、世界で最高額となった。その時の日経平均株価は、38,975円のピークに達している。

その後、日銀は1989年、1990年とバブルが一部の資産クラスの中で偏って形成されていることを恐れ、最終的には金利を6％まで引き上げた。そして、不良債権と経済のレバレッジが明るみになり、バブル崩壊への引き金となる。この時点から東京の不動産は価値の99％、日経は80％以上もその価値を

失った。その結果、資産価格は急落し、何千兆円もの富が最終的に一掃されたのだ。この崩壊の影響は甚だしく、日本の「壮大な物語」に終わりをもたらした。結局、新しいタイプの資本主義など発明されていなかった。歴史の歯車を逆転させ、現実に戦いを挑むことは不可能だったのだ。

　政府や日銀は、更なる融資によって、不必要な公共事業に膨大なお金を費やした。政府が銀行や破綻した企業の救済を行なったため、企業は再編の努力をせず簡単にお金を手にすることができ、これが経済停滞のサイクルを引き起こした。金利は繰り返し下げられ最終的には0.1％となった。政府は借り入れを促し、個人消費や生産資本の拡大を試みたが、人々のゆがんだ借入習慣は、ゆがんだ投資を更に助長した。国民は、年金や老後の蓄えが全滅してしまったと悟った。また、バブルの絶頂期に3、4戸ほど家を所有していた人は、それらを差し押さえなければならず、ひどく憤りを感じていたし、再びリスクをおかすことを恐れた。それでも、政府は貨幣の増刷を続け、経済の成長を人為的に刺激し、回復を待とうとした。

　しかし、回復の時は来なかった。1990年代は失われた十年と呼ばれたが、結局は、現在にまで至り、失われた「数十年」という状況だ。経済的、社会的影響は膨大であり、これら20年あまりの停滞期にGDPに対する政府の借金（国家の債務と、その債務を返済する能力を基準とする大まかな測定目安による）は1989年から今日の間に68.3％から220％にまで膨れ上がってしまった。

❖　❖　❖

第3章　何が間違ったのか？

　1990年代初頭の資産バブル崩壊以来、日本は20年あまりも続く不況によって、もろくなっていった。

　現在日本は、貧しい国という訳ではない。むしろ日本人の平均的な生活水準は高い方である。しかし、かつての日本は、アメリカの世界覇権に対し最大の脅威であったのに、今では世界の目は、日本ではなく中国や新興市場に向けられている。

　バブル崩壊がもたらした衰退を否定できないが、私たちは、活気に満ち、弾力性のある日本社会は大きな衰退からも必ず立ち直ると信じている。しかし日本の場合、回復の時を待ち構えていた人々がずっと前に亡くなっているほど、問題はあまりにも根が深く、長い間放置されてきた。日本の回復を邪魔し、日々日本を経済の奈落の底へとおとしめてきた主な要因

は何なのか、簡単に注目してみる。

　戦後の日本経済の奇跡は無視して通れない。その成功は主に、強力な労働倫理、規律の文化、完璧さと改善への執着、そして調和を尊重する日本社会の賜物だ。しかし、かつて日本が経済を思うままにコントロールできていた時と異なる点が多くある。前章で述べたように、日本は弱い通貨の付加価値によって、ヨーロッパやアメリカの巨大市場に対する有利な貿易を可能にしていた。しかし、日本が裕福になるにつれ、物価に比例して給料は上昇し、また 1980 年代半ばから円は永久的に強くなってしまった。このことは、日本の輸出企業に打撃を与え、日本人全体の不満の種になった。

　20 世紀後半に世界人口の大半は主流経済圏の外に住んでおり、アジア、南米、アフリカは、社会的、政治的風土がひどく期待が持てる競争相手国ではなかった。しかし今では、安い人件費で中国、ベトナムやメキシコのような国に生産を委託するようになり、最初のうちは期待通りに事が運んだが、現在はこのことが、ある程度日本を脱工業化させ、前世紀まで競争相手にならなかった国々に取って代わられる状況へと追い込んでしまった。

　日本の高齢化は有名な話だ。65 歳以上が人口の 25％を占めており、来日した外国人はこの現実に目を見張る。多くの高齢者や引退した人が、社会に対し有意義で、積極的な貢献ができないと決めつけるのは偏見だ。しかし、巨大な人口を占めているこの年代は、若い人たちと同じレベルで物理的に社会に貢献することに限度があると同時に、膨大な量の資源を消費している。バブル経済崩壊による壊滅的な影響にもかかわらず、今日の日本の高齢者の大半は、巨額の富を蓄積し、かなり前にローンを完済した家に住み、医療費や年金を受給し、豊かな生活を楽しんでいる。この年金は、実家暮らしを継続し、自分の家族を持つ余裕などないかわいそうな若い世代か

ら徴収されている。

　日本の平均寿命は84歳と長く、65歳から国民年金を受給するが、このことは、退職した世代が平均20年近くも年金を受給することを意味している。この制度自体は問題ではない。しかし、日本の人口動態が現在とは大幅に異なっていた過去の時代に設立された制度のままであることは問題だ。戦後は退職者1人に対し11人の労働者がいた計算だが、今日では労働者が3人未満となった。このままいくと2030年代までには、1人の退職者をわずか2人の労働者が支えるという計算になる。この人口動態の中では、若者が高齢者を支えるという制度に負担の偏りが生じるのは明らかである。現代の退職者は、戦後の日本を再建した人々であり、良識のある国民は、退職者が名誉ある老後を過ごす資格があることを理解している。日本は厳格な階層社会であるため、年齢が与える地位に立ち向かうのは、とても難しいことなのかもしれない。

　日本では出生率が大幅に減少しており、今や世界最低である。原因として前述した世代間の問題と、社会における男女の役割の変化がある。女性にとって子育てと仕事の両立は非常に難しく、出産せずキャリアを追求することを選択するか、数年間働いて結婚をし、二度と職場に復帰しない道を選択することになる。前者の場合は国の将来の労働力を、後者は現在の労働力を奪うことになる。

　過去数十年に渡り、都会での仕事は農村部よりもはるかに高収入だったため、多くの若者は都会で働き、農村部は高齢者ばかりになった。その結果、都会の高齢者は若者の流した汗で年金生活を送れるが、農村部の高齢者は、自分たちの生活のために汗を流す必要があった。日本の農家の平均年齢は68歳だが、この世代が引退したとしても、代わりの人員が列を成して待っているわけではない。この状況は、前述したさまざまな現象と共に今後数年は変わることはないだろう。

　日本の製造業は消滅こそしていないが、ある程度まで衰退してきており、巨大なサービス企業が取って替わろうとしている。一般的に、バブルが崩壊すると、最大の資本支出を必要とする企業が集中する業種は、最も激しい打撃を受けることになる。低金利や短期間での急成長は、投資への感覚を麻痺させる。その結果、企業は現時点の状態を維持できると見込み、高価な設備へ過剰投資するようになる。バブルが崩壊した時は、これらの業種が大きく影響を受ける一方で、投資要件の低いサービス業や小売業はあまり影響を受けない。これが日本のケースである。今日の日本は、振るわない経済状況の中で、倹約の精神を呼び起こそうとはしているが、いまだ消費国のままなのだ。

　日本にはかなりの量の非生産的な雇用が存在している。ほとんどのショッピングモールは何百人もの店員で埋め尽くされている。また、病院の検診では通常4人以上のスタッフがいる。駅の乗車券売り場では一人の駅員が発券し、4、5人の駅員が何をするでもなく、腕組みをしたままボソボソと話をしている。このような光景は銀行、郵便局、そして道路工事現場でも見られる。この背景には、日本が社会福祉であり国家福祉ではないことがある。言い換えると、国家福祉ではこれらの無駄な労働者は失業手当で生活する。しかし、日本政府は失業手当を直接払う代わりに、これらの遊んでいる労働力を許容する企業に対し、減税を行なったり補助金を与えたりする。これは非常に優れた制度かもしれないが、これでは日本の失業率が本当に低いと言えるのかは疑わしい。

　多くの先進国には日本と同じような問題が存在するが、特に日本は大規模な移民の受け入れを拒んできたという面で、更に問題を深刻にしている。「我々日本人」という、文化的にも人種的にも他とは違い独特であるという概念が、国民の精神に深く根付いており、欧米の民主主義の極右的な思考が、

日本では主流のようだ。

　日本人は、日本に在住する西洋人に対し、他の日本人に対するよりも丁重にもてなす。しかし、多くの外国人が外国のやり方を日本に持ち込み、日本の考え方を破壊しようとするのは、実現にはほど遠い。問題なのは、ほとんどの外国人の雇用契約期間が３年～５年ほどの一時的契約であり、契約が満了すると代わりの外国人が来るという実態である。この外国人労働者のリサイクルが、日本に外国の基盤を築くことや、日本社会の秩序への脅威を制限しているのだ。しかしながら、多くの外国人を自国に入れないことに、当然利点もあるが、知識や労働力の損失は日本にとって深刻であり、移民を許容する国々と比較して、大きな遅れをとってしまう。

　また、日本人は、英語を学びたいと強く思っているのにもかかわらず、結果が追いついていないことに、もどかしさを感じている。もし英語をもっと上手に話す事ができたら、より効果的にそして国際的に競争することができると多くの人が夢見ている。日本での英語教育産業は、かなりの規模だが、これに費やした時間やお金に値する結果が残せていないのが現状だ。英語学習に関する本だけは、たくさん書店に並んでいる。大げさに言うと、日本人の外国人に対するコミュニケーション能力の低さは、他のアジア諸国の人々が母国語と併せ英語を話すことと比較すると、グローバル化した時代においてかなり不利な立場にある。

　縁故主義も日本の大きな問題の一つだ。バブル崩壊以降、政府は、誰も渡ることがない橋や、どこにも続かない道路を建設するために数百兆円ものお金を無駄遣いし、そのお金はコネのある建設会社の特定のグループ内で循環し続けている。わざわざ塹壕を掘っては再び埋めるという「非生産的雇用の創出」の形だ。納税者からしぼり取ったお金を自分たちの取り巻きに配分するのは窃盗行為と言えるのではないだろうか。

　好況の年に特定の生活水準を経験した人々は、当然のことながら削減や倹約という取り組みにあまり熱心に動くことができない。しかし、日本は社会福祉国家であるため、政府は当たり前と見なされている社会的支出について責任を取らなければならない。破産に直面した後でさえも、支出を削減できない場合は、国の赤字はどんどん進行していく。

❖　❖　❖

第4章　外国が抱く日本のイメージとは？

　日本経済が悪化していることは周知の事実である。外国の新聞や雑誌でこの問題は取り上げられているし、多くのアジアの投資信託は日本を対象から除いている。だが、この状況にもかかわらず、ほとんどの外国人は、まだ日本を安定した、弾力性のある国だと信じ続けている。

　日本が技術大国や金融大国であるというイメージがかなり浸透しているので、これに反する証言はたいてい取り合ってもらえない。エドワード・サイードが主張するオリエンタリズムのねじれた形だ。西洋人にとって、東洋は神秘的で根本的に違うものだが、日本のイメージは、日本独特の神話によって更に歪曲されている。また、ほとんどの日本人が英語を話すことができず、外国人とのコミュニケーションが困難であるという

事実は、独特でむしろ奇妙な日本のイメージを作り上げる。このイメージは、外国人向けに作られた、日本についての奇怪なでっち上げ番組が放送されることにより、更に広がっていく。電車の中で立ったまま寝る姿や、自動販売機から食べられる下着を買ったりする行為が映し出されるが、それらはまさに外国人が抱く日本の奇妙なイメージそのものだ。

　日本の大衆小説、音楽、そして特にアニメは欧米で非常に人気がある。これらの物語は、たいてい登場人物は、金融界などでの成功者たちから孤立した者を描いており、広大な都会のジャングルを舞台に日本を紹介するものが多い。

　また、「過労死」という言葉は、オックスフォード英語辞典にも「Karoshi」と表示され、正式に英語としても使用されている。文字通り、過度に働くことで死に至るという意味だ。実際は、偶然に仕事中に亡くなった人を指しているに過ぎないのだが、西洋人にとって、日本人は世界一の仕事の虫であり、完璧に自分のやる事なす事に責任をとる、というイメージがある。

　もちろん、事実から派生するイメージも多くある。前述したように、日本人は過去の歴史を通じ、非常に有能で優れた民族であることを証明しており、来日する外国人は、それがウソではないことを目の当たりにする。典型的な外国人観光客は東京に着陸し、都内で最も繁栄している部分を見て数日を過ごす。東京は家電量販店、高層ビル、寺院、市場、オタクやメイドなど、外国人が日本にいることを実感させられる世界で最も刺激的な都市の一つであることは間違いない。そこから新幹線で京都を目指すが、車窓から見える富士山は、限りなく続く車内での退屈な旅路に、大きな感動を与えてくれる古都、京都も並外れた美しさである。古い寺院や美しい庭園、豪華な食事を堪能し、芸者との対面は外国人を夢中にさせる。そこから新幹線で大阪へ移動し、日本旅行は終了となる。そ

して技術と建設の驚異とも言うべく、海の真ん中にたたずむ関西国際空港から離陸する。これが日本の顔であり、日本が外国にアピールしたい姿である。

しかし、これら中心都市の外側には完全に別の日本が存在する。そこが比較的大きな都市であっても、高層ビルからの眺めは、錆だらけの景色だ。店頭の日よけはボロボロで、建物も朽ちている。景気の良かった時代を象徴するプライベートボートは、ずたずたに破れた帆と藻にまみれた真っ黒な船体を、水の上でぷかぷかとむなしく上下動させている。すすけた庁舎には古い紙と壊れた電子器具が、無造作に山積みされている。橋やフェリーで行き来する数千の島々は、一昔前まではまともな人口比率であったが、若者が島を離れ、島に残された人達も亡くなり、持ち主を失った家は、やがて腐敗する。東京を囲む広大な都市部さえもかつてほど素晴らしい状況ではない。古くなったインフラを維持するのが難しくなっている。これが、ニュースで報道される数値の悪さと不振な経済状況がはっきりと反映された、もう一つの日本の顔だ。その裏の顔のほとんどが視界の外にあるため、日本が文明危機と経済崩壊へ接近しているという国際的な認識はまだうすい。円がどんどん強くなっていった好況の時代は、多くの銀行や投資信託にとってドルに代わる安全な避難場所とされていた。また、1997年のアジア金融危機と2008年のサブプライム崩壊の時期にも、円は安全な避難通貨とされていた。アメリカの経済状況の悪化が継続的に議論され、ユーロ圏の崩壊が第1面の記事となっている中で、日本の経済危機のレーダーはオフにされた。これにより西洋以外で初の経済大国となった日本はまだ低迷はしていない、というウソを人々に認識させた。

日本は債務に資金を供給するさまざまな手法を持っているのではないか。日本人は責任感が強く、懸命に働く人種で、多くの富をこつこつと貯蓄しているのではないか。例え日本が

衰退に向かっているとしても、それは単に相対的な衰退ではないのか。短期間ではあるが、世界で最も裕福な国であったがため、この相対的な衰退は必然的なのではないか。このように、外の世界は、日本は明らかに他とは違うという、何か期待を含んだ目で見ている。

　更に、第二次世界大戦後以来、日本政府は、主に発展途上国へ膨大な援助を行うことによって、親切な大国としてのイメージを意図的に植え付けようとした。日本は過去に、中国や韓国へ道徳的に援助する義務があったかもしれない。だが、今日までそれを行う必要性はあるのだろうか。また、日本はIMFの救済資金に貢献しており、近年ではドイツや中国を超える救済額を約束しているほどだ。更に昨年、アジアの開発プロジェクトへの援助として数10兆円を約束している。日本は捕鯨の問題に関する投票数を得るために太平洋諸国へ援助を行っているのではないだろうか。しかし、これは実は不合理な話なのだ。日本人は滅多に鯨を食べず、レストランのメニューから鯨が消えたとしても気付かないのだから。

　ではなぜ援助するのか。それは、日本の過剰なプライドを考慮すると納得できるかもしれない。日本は、捕鯨問題への外国の圧力に屈することを拒否し、現在はもはや援助を提供できる立場にないという事実を受け入れようとしない。あるいは、援助することが日本政府の意図的な戦略なのかもしれない。この国が生存していくには、安定し、繁栄している国のイメージを維持しなければならないと感じているのかもしれない。

　日本には、「ただより高いものはない」という慣用句があるが、政府は、差し迫った財政状況の中でも発展途上国にただでお金を与えることで、可能な限りの義務感を負わせようとしているのかもしれない。いずれにせよ、普遍的な強さと慈愛を投影するこの戦略によって、日本はまだ強く生き残ってい

る、というイメージを発信し続けている。そして、このイメージが存続する限り、日本円は依然として強いままだろう。もし世界が日本の経済問題が深刻だと判断した場合、円は迅速に価値を失うことになる。経済への影響は計り知れないに違いない。

❖　❖　❖

第5章　衰退する農家

　1854年の日米和親条約による開国以来、大きくわけて三つの時期に大掛かりな農業開発が行われた。

　第一段階は、1868年から第一次世界大戦の間で、高い地代や地主制度によって均衡のとれた成長が特徴だった時代だ。この時期の日本全国における緩やかな成長は、産業インフラの近代化のため、農業に資金調達を頼っていた。安定した成長は地主の農村起業家精神によって促進され、1905年に至るまで農業がGDPの38％を占めた。

　第二段階は、二つの世界大戦の間に起こった。これは、大規模な工業化と軍事化により成長にバランスがとれていない時期である。農家の若い人たちの多くが、徒歩または自転車で市内へ通勤し工場で働いた。そして残りの若者たちは永久

的に都市部へ引っ越していった。その結果、1930年代後半までに農業部門の生産物はGDPの15％未満まで減少した。一方で戦時中に高成長率を導いた軍産複合体は、世界大恐慌時代の損害が他の国と比べて少なかった。しかし、経済の世界にはトレードオフがある。多くの解決策を実行するうえで、結局大きな犠牲を払うこともあり得る。いわゆる、角を矯めて牛を殺すという状態だ。

　第二次世界大戦は、甚だしい破壊をもたらした。日本が降伏し、戦争が終わった後に急速な食糧不足が起こった。第二次世界大戦後の農業環境では供給に障害が起こり、人口の約半分が都市部に、残り半分は農村に分散した。戦争直後の至難の時に、農家に残り続けた者や農村部に滞在していた者は、都市に住んでいた者に比べて、はるかに自分たちのニーズを満たすことができた。農家の生活は戦争による影響が比較的少ない一方で、工業都市や軍事基地近くに居住する人々は、連合軍による空爆によって、仕事や家、そして命までも失った。農家に残った人々は家族に避難所、食糧、雇用を与えてサポートすることができたが、多くの都市部住民は、米やその他の生活必需品を入手するために定期的に田舎を行き来した。また、この時代は多くの農村世帯が自給自足であったことに注目すべきであり、さまざまな作物や家畜を育てていた。農村部に通う都会人は食糧を手に入れるため、絹の着物などと交換した。これは農民が都市住民を支配する最後の時期だ。戦後の経済成長の奇跡が定着し、更に多くの人が農村部から都市部へ流出していく状況は、その後60年程続いた。1955年には依然として農業に携わる労働力の40％が、50年代半ば以降に急減した。農業に従事する人口は1970年までに17％となり2000年には5％まで下がった。この低下は主に輸入の増加と都会人の高い生活水準に起因するものだ。日本の若者は、明るい光に魅せられ都会に移っていき、その結果、農家

の平均年齢は65歳以上にまで高齢化したのだ。

　そして、第三段階は、1946年から1947年の農地改革である。それまでの地主小作人制度は姿を消し、急激な変化を遂げた。改革の主な目的は、1920年代と1930年代に農民が引き起こした社会不安と急進主義によって、日本の将来が不安定になるのを避けるためだった。占領軍と戦後の政府は、農家の小土地所有者に土地を返し、農業の独占に歯止めをかけようとした。設定された規模以上の土地を所有する地主は、土地を固定価格で政府に売却することを命じられたので、政府は、既に地主のもとでその土地で働いていた人たちに同価格で売却した。彼らは、その土地を購入することで、所有者になることができた。この制度の目的は、政治的に中立である農村中産階級を育てることだった。しかし、残念ながらこの農村中産階級の育成は実現しなかった。理由の一つは、土地の保有に対し、厳密に均等化されなかったからだ。土地改革以降、個々の農家の所有する土地は小規模であり、改革後もあまり状況に変化がない。今日でも1.6ヘクタール程度だ。もう一つの理由として、「経済の奇跡」に参加するため、1960年代に農民が都市部に流れ込んだことだ。社会的な観点からみて、少数の支配的な地主の権力を多くの居住者に配分するという点で、この土地改革は成功したと思われた。しかし、経済的な観点から見ると、利益が得られたかどうかは定かではない。

　権力構造に変化はあったが、小規模な農場が残っているため、そこには小規模経済の不利益性が残る。成蹊大学の川越俊彦教授は、自身の論文で、戦後の生産による利益は、おそらく権力構造の変化からではなく生産性の向上によってもたらされた、と結論付けている。1957年の農業白書に農業に対する「5つの赤信号」として以下が挙げられた：

a.農家所得の低さ
b.食料供給力の低さ
c.国際競争力の弱さ
d.兼業化の進行
e.農業就業構造の劣弱化

　今日の農村部の状況を見てみると、過去55年の間に何も変わっていないことに気付かされる。米は多くの日本人にとって日常生活の中心となる主食で、実に3000年以上に渡って栽培されてきたものだ。日本の歴史の中で、さまざまな機会に価値保存や富の尺度としても見なされた。米の供給の話題が日本人にとって重要で、時として繊細なものであることは納得できる。ほとんどの西洋人にとって米は単に米でしかないが、日本人にとってはごちそうであり、その味や食感は風味に富んだものだ。多くの日本人は外国産の米に異臭を感じ、極力避けようとしている。本書の中で米の特性を掘り下げて調査する意図はないが、ほとんどの日本人が一般的な米と高品質のジャポニカ品種を区別することができるのが真実なら、この説にも信憑性はあるのだろう。

　長期に渡る米との歴史の中で、日本の稲作は過去50年間に多くのゆがみにさらされてきた。1942年に制定された食料管理法のもと、日本政府は全ての米の生産・流通・販売を担った。米を輸入するのに777.7%もの甚だしい関税がかけられた。これは「日本の自給率の確保と食料保障」のためである。現在、農家のおよそ85％が米を育てており、莫大な補助金を受け取っている。農林水産省は、もし日本が輸入関税を完全になくした場合、国の稲作の90％が消えてしまうだろうと警告している。これは間違いなく土地を追い出される日本の農家にとっては恐ろしい話だ。

　しかし、この大規模な関税が削減された場合のメリットも

ある。例えば消費者は、低価格でより多くの選択肢が楽しめるようになる。レッドブル氏とロバーツ氏は著書、「日本における農業貿易政策 — 改革の必要性」において、全世界の補助金や関税が50％削減された場合、日本が全世界の利益の大半に値する17％を得るだろうということを示唆している。しかし、これは農業支援における矛盾だ。支援を減らした場合の影響や調整は、局所に集中し、最も表に出て貢献したグループほど損害をこうむることになるだろう。結局、利益は広範囲で分散されことになり、関税や補助金の削減の同意を得ることは困難であろう。

　最後に、株式会社が日本の農地を所有するのを防ぐ法規制の問題について説明する。この法規制は、所有者が確実に所有する土地を耕作するべきと定めている。企業が日本の農業に関与できる機会は限られており、その一つに農業生産法人がある。関与を実現するには特定の条件を満たす必要がある。農業とその関連事業が売れ高の半分以上を占めていること、株主や組合員の構成、議決権の規制を遵守すること、そして、役員の一定数が農業従事者であることだ。農業部門を指定された公営企業に明け渡すように圧力がかけられることがある。それは、多くの農業団体は、一度公営企業が農地の支配権を得た後、その農地が、例えば住宅開発用地として使用されることを恐れている。何年にも渡り、土地を個人利益のための用途に変え、農民自身が法の抜け穴を利用し、結果的に耕地の規模を大幅に減少させていることは、やや皮肉な話である。

　日本の農業の状況は、全てが悲観的というわけではない。米だけを作る土地集約型農業ではない、土地非集約型農業がある。この分野では、40,000ヘクタール以上の温室で、花、野菜、果物を栽培している。フルタイムで農業に従事し、米に限らず、さまざまな作物を栽培しており、政府のサポートを受けない自由市場におけるベンチャービジネスとして、利益を得

ている。これは、日本の農業における理想的な形である。

　この章で述べた都市化と農業の問題、またそこから派生するその他の問題については、日本だけに起こっていることではない。しかし、人口減少の早さと、政府の高いレベルの支援による非効率性は、日本にしか存在しない要因である。今後、日本が将来のために設定する改革のモデルは、どのような結果になったとしても、後に他の国が参考にすることになるだろう。

第6章　人口動態の問題、構造的な問題の共存

　日本には、根強い人口動態の問題と社会的、構造的な問題とが存在する。これらは相互に関与し合い繰り返し起こることで事態を悪化させる。日本は世界で最も高齢化のスピードが速く、出生率が低い。多くの女性は、子育てと仕事の両立に希望を持てず、数年後に永久に職場を去ってしまうか、結婚や出産を先延ばしにしている。そして、この先延ばしが手遅れになる場合も多くある。

　外国からの移民を受け入れることによって、人口減少の問題に対処することはできる。しかし、日本人は、外国人が一斉に日本へ入国するのを受け入れられない。また、本来ならば国を動かし、問題に対して積極的に解決策を編み出すべき官僚たちは、個人の利益を確保し、利己的なシステムを構築す

ることのみに関心がある。

　日本へ訪問した外国人は、膨大な数の高齢者に驚くだろう。日本では、一般的に高齢者は善良で、か弱い人と見なされている。高齢者を敬い、幸福を尊重する文化は称賛されるべきである。確かに高齢者は一昔前に日本をこの崩壊へ導こうと企んでいた訳ではない。どちらかと言えば、経済学者であるジョン・ケネス・ガルブレイスの言う「悪意なき欺瞞」と呼ばれる「罪」を犯しているだけなのだ。彼ら自身は、直接生産・再生産に関わることが少ない一方で、莫大な量の資源を消費しながら、何十年もの退職生活を楽しんでいる。一方で、若い世代が生産・再生産に必要な資源がこのことによって奪われているという現状がある。

　戦後の日本は、人口のわずか5％が65歳以上であった。しかし、今日では25％近くにものぼり、長期的には今世紀後半に約45％まで上昇する見込みだ。国連経済社会局の人口部の報告によると、日本は今後その時点までに年間1万人の移民を受け入れるか、現在の労働者に対する退職者の率を維持するため、退職年齢を77歳まで引き上げなければならないようだ。

　1970年代まで国家予算の10％未満であった社会福祉費用は、今日では政府支出の4分の1を占めている。このコストは、若者や赤字財政支出によって補われているのだ。2012年には、政府支出の追加の4分の1が債券や金利返済に使われた。借金のほとんどが国内にあるということは、金利の支払いは直接的にも間接的にも日本国民（ほとんどが古い世代の人たち）によって支払われている。このことは、政府支出の大部分が日本の将来のために投資されていないことを意味する。現在GDPのうち教育関連費用の割合は、日本は世界で116位にランク付けされる程低い。つまり、このお金を子供教育や、女性が家族を持ちながらキャリアを築いていくために

必要な世界トップクラスの保育施設、古い産業を再び活性化させたり、新しいものを開発したりすることに費やすことができないのである。

　良識のある人は、高齢者がまともな年金を受ける権利があると感じており、それについては私たちも異論はない。しかし、退職者やこれから退職生活に入る世代は、良い時代を生きた最大の受益者である。彼らは膨大なインフラを築き、真の経済成長に貢献することによって、バブル崩壊前に多くの富を築くことができた。また、当時の円は弱く、人口動態はまともであった。この世代は、今日の社会に存在する巨大な重荷を背負う必要がなく、ある程度の経済的、社会的自由のある環境にいたのだ。バブル崩壊時に一掃されずに済んだ簡単に手に入ったお金は、いまだに古い世代によって、貯金、債券、不動産という形で保有されているのだ。

　バブル崩壊時は政府が介入し、赤字財政支出によって経済を復元しようとした。しかしこの時、多くの負債を作ったのにもかかわらず、経済の繁栄は実現できなかった。この負債は、最終的に若い世代が支払わなければならず、若い世代は二重に貧しくなっていくのだ。彼らは現在利用できるはずのお金を奪われ、赤字財政支出を繰り返すことによって将来の資金をも失っている。ルートヴィヒ・フォン・ミーゼスによると、これは「将来からの借り入れ」だと言う。将来、返済する手段がない場合は、厳密に言うと「将来からの奪取」なのかもしれない。

　少子化問題は前述の問題と密接に結びついている。社会的要因が経済情勢を形成し、経済情勢は回りまわって社会の動向を左右する。人口を維持するためには、女性が平均2.1人の子供を産む必要がある。しかし、現時点では日本の出生率は世界最低で、女性1人あたり、約1.6人だ。日本全国で行われた調査によるとほとんどの若者が2人以上の子供を望んでい

るというが、なぜ彼らの夢は実現が難しいのだろうか。

　主な理由は、女性にとって、子育てと仕事の両立が非常に難しい環境がある。特に民間企業で働く女性がそうである。日本は依然として男女の役割について伝統的な考え方に沿っており、「ジェンダー革命」の分野で日本は西洋に遅れをとっていると言える。女性は育児と家事を優先すべきとされ、後に自分自身の両親と夫の両親の世話を期待される。さまざまな調査や世論によると、日本人男性のほとんどが自ら進んで家事をすることはなく、彼らが帰宅する時間には、掃除された家と準備された食事が待っているのが当たり前なのだ。

　日本には幼稚園と保育園の２種類の保育サービスがある。幼稚園は３歳から６歳の子供たちを預かる設備で、規定の教育があり、複雑な書き言葉の基礎を学び、簡単な英語にも触れる。低所得層の家族は政府から保育料の補助を受けられる。しかし、これらの施設は午後３時で終了するので、保護者はその時間に自宅待機するか、自分自身で子供たちを迎えに行かなくてはならない。また少なくとも両親のどちらかは参観日、ピクニック、運動会やPTAの会合など、多くの活動に参加する必要がある。共働きの場合は、たいてい子供を幼稚園に入園させるのは楽なことではない。

　一方、幼稚園に入園しない子供たちは保育園に入る。保育園は、基礎的な保育施設で乳児から６歳までを預かる。ここではほとんど正式な教育は行われず、ゲームなどをして遊んで過ごす。両親は特に何も参加する必要はなく、子供たちは夕方までそこに居られる。政府は、生活保護下にある両親が「仕事を探している間」にも、子供たちをこれらの施設に送ることができるよう、多額の補助金を付与しているのだ。

　幼稚園と保育園の子供たちが６歳になると同時に小学校に入学する。幼稚園に通った子供はこの時点で３年間の教育を受けている。幼児教育は極めて重要であり、保育園出身の子

供たちはたいてい、残りの教育課程において幼稚園出身の子供たちに遅れをとることになる。子供たちが小学校に在学している間は、親はPTAや定期的な会議に参加することが義務であり、フルタイムで働く親にとっては非常に大変だ。これは女性に仕事を辞めさせ、代わりにフルタイムで母親や主婦になることを促進する大きな要因である。

　日本では一旦職場を去ると再復帰することは簡単ではない。この状況は改善しつつあるが、それでもまだほとんどの企業や全政府機関は、従業員が生涯同じ所で働くことを期待している。したがい、女性が出産するために職場を去る場合、それは永久的な退職を意味する。現代の日本は働く資格のある女性のうち、60％が労働力だが、残り40％のうち大体20％は専業主婦で、彼女らは仕事をしてお金を稼ぐという伝統的な経済形態に参画していない。この状況が、労働と知的資本の面で損失を大きくしているのだ。

　その一方で、ますます多くの女性が、独身のままキャリアを追求し、自分自身の生活を楽しむことを選択している。今日では30代の女性3人のうち1人は独身であり、彼女たちの多くはこのまま子供を産むことはない。また、子供が2人以上いる女性にとって社会的、財政的な大きな壁がある。本来ならば教育改革や夫婦が子育てをするために必要となる資金は、何十年にも渡り退職生活をする高齢者や、借金の返済に注ぎ込まれているのだ。

　次に移民についての問題だが、これは諸外国からみても明白な事実がある。ヨーロッパ、アメリカ、カナダ、オーストラリアに倣い、日本が積極的に移民を受け入れた場合、人口推移と経済の衰退という問題を解決できるだろう。しかし、日本人はかなりの外国人嫌いである。私たちは、日本がこの事実を受け入れ、態度を改めるべきと提案する。状況が深刻なのにも関わらず、なぜ日本人は根本的に大量移民を受け入れる

ことに反対なのだろうか。

　まず、日本人が反対するのは外国人個人が来日することではなく、「大量移民」の受け入れに反対しているということを明確にしておく。日本人は、特にお客さんとして認識する欧米人に対し非常に手厚い礼儀でもてなす。欧米人は丁重に扱われ、特定の義務を免除されるが、本来の関係性について混乱や変化が起こることはない。お客さんが家族と同居したからといって、日本人の家族の生物的な一員となるわけではない。

　日本は何世紀も、何千年にも渡り、非常に複雑で洗練された独自の文化を開拓してきた島国である。日本人は「仕方がない」という言葉を使う。これは「何も方法がない」という意味だが、もっと正確に言うと「この問題に対処する方法がない、だから何もできない」ということだ。私たちは、これが「日本的」な考え方の中核であるように感じている。例えば、日本人は部屋に入ってから商談確定に至るまでの作法を知っている。「日本人」になるためには、正しい作法を学び、それを内面化しなければならない。日本人は何をすべきか、何を話すべきか、そして何をしてはならないか、などという、時と場合による適切な作法を学んでいる。もしそこに作法がなければ、対処する方法はない。これは時として外国人が、日本人をロボット、または無力の子供のようであり、個々の主張のない生き物ととらえる要因である。そして、日本人は外国人を、がさつで洗練さに欠け、品位に劣り、自分たちとは大きく異なる生き物として見ている。

　この様な社会的に根深い習慣は子供の頃から若い年代までに植え付けられる。そしてこの厳しく根付いた習慣に基づき、特定の状況において特定の反応を期待し合い、お互いが快適に接するのである。正しい社会的規範を守らない場合は、道を踏み外した本人にも、属している集団に対しても大きな恥をもたらす。日本では集団が共同で責任を持つのだ。例えば、あ

る学校の教員が何らかの規則を破ったとする。その学校の校長も同時に重い責任に問われる。他の教員や周辺の学校はその教員の過ちを知り、彼の上にのしかかる恥が、残りの人生を耐え難いものにしてしまう。

　このような日本の社会的集団意識と恥じらいの文化を利点としてとらえるなら、犯罪率が低いことや、平和で協力的な雰囲気があるのは、そこに起因していると考えられる。日本人にとって社会的結束を実践し、その集団の連帯と平和を維持することは、個々の欲望よりもはるかに重要なのだ。国はまだ封建制度に沿って動いており、部下は上司に逆らうものではないとされている。個人は上司の好意を得ることや、仲間から排斥されないように一生懸命努力するのである。

　一方で、外国人に対しては、この様な日本の習慣にきちんと従うことを期待はしていない。外国人は国に深いつながりを持っていないと考えるので、絶対的な忠誠心を強要せず、彼らが予想外の行動をとったり社会的団結を破壊したりすることも許容されるのだ。日本人にとって「日本らしく」あることは、社会的であるのと同じく生物学的なものでもある。それは言語、文化、生物学、そして地理において区別されるものではない。日本人は日本人、非日本人は非日本人であり、これは不変の事実なのだ。

　1970 年代に話題となった「日本人論」というジャンルの文学がある。これは外国人のイメージでの日本人に対する疑似科学だ。日本人論は今日でも徹底して日本社会に普及しており他人との執拗な比較の中で、日本の全てが独特で他とは異なることに大きな誇りを持っている。日本人が外国人に尋ねる一般的な質問は「日本には四季がありますが、あなたの国はどうですか。」という類いだ。何十年もの間、外国のスキー板を輸入することは違法で、その理由が「日本の雪」の上ではうまく機能しないと認識されていたからだ。これは、日本

が単に地図上に存在する国ではなく、むしろ現実から離れた別世界に存在する特別な国という考え方が深く浸透していることの表れである。

日本人は、自分たちの文化的独自性に大きな誇りを持ち、あまりにも多くの外国人を受け入れると、緑色のペンキの入ったバケツの中に黄色、オレンジ、紫の塗料を注ぐようなものだという信念がある。つまり、多様性が作られるのではなく、むしろ全てが破壊されると考えている。多文化圏で自由主義である西洋が強国であるための源として多様性を受け入れている。一方で日本人は、社会の安定、平和、繁栄を実現する唯一の方法は、単一民族であることだと考えている。この考え方が正しいと示唆する説は多くあるが、同様に反対の見方も多く存在するのだ。

日本人はどのような場合においても、外国人があまりにも深く日本に浸透しすぎると、国が崩壊してしまうと信じている。大量移民を日本の終わりだと考えている人がほとんどかもしれない。例え、移民によって地図上に書かれた「日本」という物理的な国の人口動態や経済の問題を解決に導くことができたとしても、それが「日本」を救ったことにはならない。唯一「日本人」が「日本」を救うことができるからだ。日本には今後この人口を維持し、経済を活性化するだろう大量の移民の受入れ態勢をつくるという政治的意志は見られないだろう。このままでは日本が経済における「成長」を実現することは完全に不可能である。

最後に傲慢で利己的な公務員制度の問題がある。日本の公務員はタバコをくゆらせ、印鑑を押すだけで多額の給与（もちろん資金源は税や債務だ）をもらっているという旧ソビエト式の制度だ。公務員は若い日本人が憧れる仕事である。高給取りで、民間人にはないさまざまな利益を得られる面を考えれば当然だろう。

　公務員制度の問題を語るには、まず有用な公務員と無用な公務員を区別しなければならない。教師、消防士、警察官など、現場や教室などで働く人は疑いもなく日本に貢献している。公立の学校の教師は、立派な賃金を稼ぐことができるという面で、誇り高い職業だ。しかし一方で、その他部門を統制する不条理な公務員制度は、自己の維持や利益のための利己的なシステムを作ってしまっている。国家予算の20％近くが「地方交付税交付金」のために確保されている。このお金は、国の大規模な官僚ネットワークが不信なプロジェクトへ資金供給するために注がれている。日本では、ハイレベルの学校で学び、国のトップクラスの大学に入る事が、官僚という道を歩む伝統的なルートとなっている。過ぎ去った日々の中でいくつか国に貢献した事があったかもしれない。しかし、良識のある日本人は、官僚が他人のお金を搾り取るヒルのようなものと感じているはずだ。

　官僚の議題リストの最優先事項は、次年度以降の予算がカットされていないことを確認することだ。予算カットを阻止するため、その年に割り当てられた全ての費用を費やそうとし、できれば翌年から更に多くの予算を要求できるように仕向ける。元官僚からの報告によると、ある地域での年間の支出額が2月の時点で2兆円だったものが、会計年度が終わる3月には30兆円にふくれあがることがあると言う。ある官僚の有力者は、お気に入りの女性の部下と海外旅行を計画し、それを「外国の労働条件の調査」という名目にする。更には、支出を削減しようとすると脅されたり解雇されたりする可能性もある。

　好況の時代に、利害関係者と労働時間外で親睦を深めることは、ビジネスを行う上で、「日本の手法」とされてきた。最近の20年にもおよぶ不況期間にもかかわらず、官僚は依然として、請負業者への接待に数十億円を費やしている。これらの

請負業者は、経済を「刺激」する悪評高い建築プロジェクトに何兆円も浪費することを任されているのだ。人口減少にもかかわらず、既存の空港のわずか数キロ先に新しい空港を建て、他の高速道路と並行に走る高速道路を作り、人口の少ない小さな島々を結ぶための橋などを無駄に建設し続けている。

公務員が50歳から60歳の間で定年に達した後、彼らは民間の請負企業や、他の公務員機関に高い給料を約束され「天下り」する。民間部門と公共部門間で親密なつながりを確保し、機関同士で私利的な目的を果たすために協力し合う。この制度はさぞかし素晴らしいものなのだろう。天下りとは天から地上に下って来ることを指すのだから。これら特定の公務員は、例え天に届く地位にいなくとも、また天から下る機会のない身分であったとしても高給を約束されている。大企業の平均年収が600万円とすると、彼らの年収は800万円だ。

更に公務員（教師や他の有用な労働者を含む）は、民間の人にとっては夢のような長い有給出産休暇を取ることができる。これは当然良いことだが、このシステムは悪用され放題であり、有用な公務員でさえも、悪用が発覚するケースがある。出産、育児を機に、ある女性が既に永久に職場を去る意志があるのにも関わらず、直前に給料の80％を支給される3年間の産休を取ることがある。また、「うつ病休暇」を取得したはずの職員のFacebookには、彼の世界旅行の写真が掲載されていたケースもある。もちろん、ほとんどの公務員は純粋に勤勉であり、人に貢献している。しかし、やはり少人数の人には、このような血迷った行為が見られるのも事実である。

このように、公務員制度自体が芯まで腐っていることは間違いない。この制度は物事の進行を遅らせ、私利的な目的を果たす以外、何の意味も持たない。ある一例がある。日本で就労した外国人が帰国した後、日本の厚生年金保険より脱退一時金が還付される。その際、所得税として20％が控除され

るので、今度は納税管理人に対し、２度目の還付申請を行う必要がある。これは、完全に無駄な手順だ。一つの部署が対応する年金の還付によって生じる税金を、別の部署が対応するという仕組みで、それによって何百人もの高給取りが出来上がるのだから、ばかばかしいにも程がある。

　事務所では何百人もの公務員がぶらぶらと過ごし、忙しいふりをして書類を一つのトレイから別のトレイに移し替えたり、コンピューターの画面を見つめたりするだけで日々を過ごす。多くの年配の公務員たちは大きなオフィスで一日中タバコを吸い、仲間とおしゃべりをする。夕方には請負業者と飲みに出かける。彼らは自分自身に巨額な退職金を与え「仕事」を辞めて何十年後でも年金や貯蓄によって良い暮らしをする。彼らは社会にはびこる雑草以外の何ものでもない。変革の時が来たら国民の怒りは、一番に彼らに向けられるはずだ。

◆　◆　◆

第7章　金融政策に問題あり？

日本銀行

　中央銀行の主な役割の一つとして金融政策の独立がある。世界初の中央銀行、イングランド銀行が設立されて以来、この役割は変わっていない。つまり中央銀行は、政府や君主、支配者が金を必要とする度、お金の増刷をコントロールする。現代の中央銀行は、最後の貸し手としてお金の流動性を担保し、金融操作によって雇用やインフレ制御を行なっていく役割も担っている。しかし、一部の批評家によると、中央銀行は単純に、基本的な市場の需要と供給に介入し、その結果、経済の不均衡をもたらしているという。これらを念頭に置き、今日の日本の中央銀行、つまり日銀の姿を見てみる。

　日銀は、設立当初のモデルの通り一部が民間資本であり、完全にまでとは言えないが、好ましくない政策に対する金融政策の独立を維持している。しかし、政府が日銀に影響を及ぼすやり方がある。その一つは、日銀の役員の候補者の中で「適切でない者」をブロックすることだ。最近では、民主党が与党となった時にそれが実行された。政策委員会の２つの空席のうち、１人の候補者を政府がブロックしたのだ。この候補者は、政府にとってやや「反刺激的な人材」であった。数カ月後、与党は２人の「友好的なメンバー」を９人制の役員会に送り出した。当然ながら企業や政府はそれを祝福した。誰が自由なお金を嫌うだろうか。しかし、デフレ脱却や経済成長に拍車をかける鍵は、規制緩和と自由市場である。決して簡単に手に入るお金や借金ではないのだ。

　政府が日銀の政策に干渉するもう一つの手口は、関連する法律を変更することだ。その当時与党であった民主党のグループが、消費者物価指数の上昇が日銀の目標未満である場合、政府が日銀の委員を罷免する権限を持つ、という法律を起草する提案をしたのだ。どのようにして日銀は消費者物価の上昇を実践するのだろうか。それは、かつてはお金の増刷と呼ばれていた「バランスシートの拡大」である。

　現在日銀は国債購入を短期債、正確には３年物国債に制限している。理由は、バランスシートから短期債を処分するのが簡単だからだ。債務返済のために新たに作り出されるお金は、借り手（通常は政府関係機関）が日銀に返済を行う時、満期日を待ったとしても比較的早いサイクルで外へ抜け出せる。継続的な赤字財政支出と、簡単に手に入るお金に注目する政府メンバーが期待するのは、日銀が10年以上の長期満期債を購入することである。そうすれば、政府は日銀への返済を先延ばししながらお金を借り続けられる。これは債券の貨幣化、または「ツイストオペ」と呼ばれ、この状況が長く続く場合、

結果として深刻なインフレかハイパーインフレを発生させることになる。

　歴史を研究してきた最も信頼のおける経済学者は、既にこの状況を予測しており、なんとしてでも避けたいと考えている。日本の金融問題に対する決定的な解決策はなく、金融政策は、せいぜい金融問題を修正するための時間稼ぎとして政府を支援することしかできないのだ。日銀の前白川総裁が、日銀の姿をうまく表現した引用がある。「日銀が解決策を出せていないのは、構造上の問題に対してだ。」これは私たち筆者の意見そのものである。

日本円とその神秘的な特性

　貨幣の世界における偉大な理論家であるルートヴィヒ・フォン・ミーゼスによると、価格(*)、または法定通貨の交換価値を決定する唯一の要因は、需要と供給であるという。人々が法定通貨を喜んで保有している限り、その価値は高いままだ。経済力のある強い国には強い通貨があるという共通の認識が存在するが、これは正しくない。他の法定通貨に対し、価値を強くしたり弱くしたりする要因は、その通貨に対する需要があるかどうかが左右する。大手企業が大手外資系企業を買収する場合、その大手企業は膨大な量の現地通貨を購入する必要があり、それによって需要が作り出される。また、人々が株式などのようなリスクの高い資産ではなく、現金を保持しようとする場合にも、通貨の需要は増加する。「通貨の流通速度」などという専門用語が存在したりするが、結局全ては需要と供給、ただそれだけだ。

　私たちが特に関心があるのは、低リスクの取引だ。国とその通貨が「安全な避難場所」として認識されている場合、経済

危機に陥るとその通貨に対する大きな需要が起こる。その結果、国に入るお金の多くは、国債へと流れていく。なぜなら国債自身は、ほぼリスクがないと見なされているからだ。この状況によって政府は、安く資金調達できるように債券の利回りを下降させる。既に認識されている事実が、実は完全な誤解だったというケースについて先ほど述べたが、これがまさに現在の日本円の状況である。

　本書を執筆している時点では対ドル79円で取引されている。日本政府は、円が著しく過大評価されているということを、しばらくの間議論している。理論的には、独自の通貨価値を下げるために通貨を発行するのは、国にとって簡単なはずだ。単純にお金を作り出し、価格を下げるために独自の通貨を市場に流す。しかしこれは、明らかに外交的に緊迫する原因を作ってしまうため、日銀はこの行為に消極的だ。私たちは、何か別の効果的な対策があると考えている。

　日本が可能な限り多くの原子炉を復活させ、エネルギー政策に関して何らかの対策を導き出すまで、対ドルで80円前後を推移することは政府にとって喜ばしいことだろう。円安に対して懸念する点は、原子力発電に頼らない代わりに、天然ガスなどの膨大な火力燃料を輸入しなければならないことである。自国通貨が弱くなり過ぎた場合、事実上、国が国民の貯蓄を使い込み、国の貿易赤字はどんどん大きくなるだろう。

　日本が世界最大の債権国の一つという事実に対し、しばしば日本円の永久的な強さがささやかれている。日本には1兆ドル以上の膨大な外貨準備高があり、その状況に関係する根拠がある。第一に、日本の莫大な公的債務の量だ。近代的な先進国の中で、もうすぐ1千兆円に到達する最初の国である。しかもそれには、公益法人が支払うべきお金は含まれていない。その数字単体は、万一突如米ドルを現金化することが可能であったとしても、外貨準備は公的債務に対し全く効果が

ないことを示している。とにかく膨大な量のドルを売ることは、世界で最も流動性の高い市場だとしても不可能で、混乱を引き起こすことになる。供給が需要を上回ることで、ドルの価格が急落し、中国のような1兆ドル以上を所有する他の国は、自国の投資が一掃されるのを目の当たりにするだろう。これはとてつもなく大きな取引であり、市場全体に大きな影響力を及ぼすことは避けられない。

日本の外貨準備のほとんどは、円安介入を行なうことで、積み立てられる。これは、不胎化介入（為替介入後、中央銀行の通貨量が変化しないように外国為替市場加入すること）ではなく、マネタリーベースを増加させることになる。このお金が円に再変換されるべきであれば、通貨を強化し、日本の輸出に大混乱を招きながら需要を創出するだろう。これは、まさに身動きのとれない状態である。

為替レートがその国で有利であるための条件が、通貨の強さだとメディアでよく言われるが、実際はむしろ通貨が安定していることが鍵だ。安定した通貨によって企業は効率的に計画を立てられ、リスクが軽減される。特定の投入原価を確実にし、外国市場でも製品の価格安定を保証できる。国の経済状況の変化を調整するのに、緩やかで長期的な通貨の変動は、現在の為替レートの大きな変動よりもはるかに望ましいのである。

円高が期待されるもう一つの理由は、日本の公的債務の大半が国内の銀行や国民によって保有されているからだ。統治する能力は、意のままに人を強制させる能力に匹敵する。この状況には大きな利点がある。銀行と国民に対して債務を借り替えさせたり、もしくは更なる公的債務を購入させたりできるのだ。国民は課税を強いられ、だまされることになる。外国人には、そう簡単に強要することはできない。しかし、これら利点はあるが、内部的に借りたお金はどこかで返済をし

なければならず、現在の資金調達モデルは、時間稼ぎをしているに過ぎない。

　企業には、円の為替レートを決定する上で重要な役割がある。円で資金節約し、外国企業を買収するか、送還資金を本国に戻すかを決定するのだ。

　東日本大震災の後に円の価値が上がったが、これは非常に異例のケースだ。この震災前にもニュージーランドで地震が発生したが、ニュージーランドドルの価値は直ちに下がった。トレーダーは経済生産が減少し、国の財政状況が悪化するのではないかと疑った。通常これが大規模な災害が国を襲った時に見られる傾向だ。ではなぜ円の価値が上がったのか。これは、日本の大手保険会社が対外資産（海外に保有する債券）と保有通貨を売却し、津波や震災被害に充てるために円を買う事になる、と市場がうすうす感じ始めたからだ。市場は、その行動を阻止するため先手を打って円を買い始めたのだ。実際に行動を起こしたのは、外国為替トレーダーだった。彼らは、日本企業が通貨を購入、または販売する時の通貨に与える影響力を理解している。日本企業はグローバル市場で付加価値を作り出す機会がないとみているため、現時点で多くの円を保有している。しかし日本企業が外国企業を買い占めるという傾向は加速すると私たちは信じている。これが展開されると、円を売却して外貨を購入することもあるだろうから、円の交換価値が下がる。

　低金利の円を借り、他の高金利通貨に変換して外国債券などへ投資するキャリートレードがある。これは日本の投資家や主婦が開拓した。日本円は超低金利であり、キャリートレードは世界中の投資家の中で大成功をおさめた。現在、アメリカやドイツなど多くの国々の通貨が低金利となり、投資家はキャリートレードの資金源を多様化することができる。彼らは円を借りて外貨を購入する必要がないので、円売却先の

源泉が減少することになる。また多くの日本の投資家は 2008 年以降の金融変動により、キャリートレードの持高調整を行っている。円の価値を上げながら、円の買い戻しを行なっている。

　最後に私たちが着目したいのは、日本が行う巨額の対外援助だ。二国間援助の多くは、援助資金は円建てで行なわれる。援助資金の受取人が日本政府にお金を返済する時は円を購入するので、日本通貨の需要をかき立てている。独立行政法人国際協力機構（JICA）は、円建ての援助資金を外貨で返済できるようすることを検討している。これが実現すると、円にどのような影響を与えるかが見物である。円はある程度価値が下がるのではないだろうか。一部の官僚によると、日本の問題の原因は通貨が弱いことで、その保持者が意図的にこの状況を継続しているのかもしれない、と言う。

　円を研究してきた専門家が、なぜ円の価値が上がり過ぎたと確信しているのか、その根拠を明確にすべきだ。しかし「市場」が、実際に円が弱くなったことを認識するまで、円は弱くはならない。

　(*)私たちは故意に価格という言葉を使っている。本質的に通貨の価格は、その交換価値だからだ。つまり誰かがそれと引き換えに、どの程度、他の法定通貨や有形資産と取引をしたがるか、ということだ。

❖　❖　❖

第8章　サービス業に乗っ取られた製造業

　何十年もの高度経済成長の間に、日本は工業国、そして輸出国として金持ちとなった。そして過去20年、とりわけ後半の10年は、日本の大企業は、中国やベトナムのような発展途上国で、安価な自社製品を生み出すことに成功した。

　現在、自動車メーカーはメキシコのような遠く離れた場所で、新たな生産設備を設立している。しかし、本拠地での生産を停止したわけではない。私たちが、数年間在住する広島県には、マツダ株式会社の本社があり、そこには事務所と巨大な生産設備が広がっている。マツダは県の経済生産の大部分を占めており、従業員数は2万人を超える。県内企業の存在は、経済活動を刺激する効果がある。船体のスクリュー、ボイラーやスチール容器など、昔ながらの工業生産で生き残って

いる小都市や町もある。

　しかし、これらは一部分にしか過ぎず、日本全体での製造業の衰退は著しい。巨大都市、大阪に隣接する尼崎は、薄型テレビのパネル工場が集積していることから、パネルベイとして知られる。しかし、最近では巨額の損失により、工場の多くが閉鎖された。韓国、台湾の安いメーカーに取って代わられたのだ。シャープは台湾企業から大規模な救済策を受け入れざるを得なかった。アジアにおける日本の地位が逆転したのだ。福島の原発事故以来、多くの地域で電気料金が上がっており、それが強烈な一撃となって経営難に陥ったメーカーもある。荷作りをして安い国に行くしか選択肢がなくなった。3月11日に起こった東日本大震災は、既に起こっていた製造業における問題を、単に加速させただけだった。多くの企業が損失をこうむり、日本の国宝に値するソニーは、つい最近、508億円の赤字を発表した。他のアジア諸国の競合によって、日本企業が侵食されているのだ。

　日本の大企業は、中小企業に対し、常に高品質の部品を安定に供給するよう期待している。しかし、近年では、任天堂のような大規模な組織は、中国の安い労働力に目を向け、高賃金である地元の生産者に背を向けている。これに対抗しようと地元で賃金の引き下げが行われる。結果的に、地元企業のある地域にマイナスの影響を与えることになる。低賃金は、支出の減少につながり、結果的に多くの企業の喪失を招くことになる。低賃金の国と競合することは、少なくとも円が強い間は、明らかに自滅的な行為であり、日本の製造業の再生にはつながらない。一部の企業はこの問題に対処するため、量産組立てラインを海外へ移転させ、代わりにロボットのような精密機械の製造にも焦点を当てている。ここはまだ、日本が世界でもリードしている分野だ。

　しかし、この戦略では日本が衰退へ向かう流れを変えるこ

とができない。もっと深く調査していくと、情報や知識の漏えい、コピー製品、改良製品などが存在することが見えてくる。前にも述べたが、日本は短期間で西洋に追いつき、追い越した最初の国だ。多くの西洋のシステムと技術を輸入し、それを実践してきた。輸入したドイツ車を分解することで、それを安く製造する方法を考え出した。取り入れた技術を完全なものにし、「ジャスト・イン・タイム」という、在庫管理費を節約する方法など革新的な生産技術を駆使し、技術、製造の分野で世界のトップに座についた。ただし、他国も日本に対して、同様なことをする可能性もある。

　多くの年月を経て、日本は輸入した技術を拡大し、改良を加えた。今日の日本人は、最も軽蔑するライバルである中国人が、日本の技術をコピーすることについて快く思っていない。日本は、新幹線を作るために発明した技術を中国人が盗み、独自の車両を製造していることを指摘している。後に中国の列車が衝突事故を起こしたが、これによって日本人の怒りの炎が少しは収まったのかもしれない。

　私たちになじみのある広島県呉市は、工業都市であり、何世代にも渡り造船業が営まれている。時間が経つにつれ、街は専門技術や技術ノウハウを蓄積してきた。船体のスクリューの修理工は、洗練された稀な技を取得しており、日本国内で同様の技を持った他の修理工を見つけるのは至難の業と言われる。この修理工は中国やその他アジア諸国で、現地での修理を行うことがある。やがて現地の人々は修理工の技を習得し、もはや彼らの技が特別視されることはなくなってしまうのだ。製造業者は、専門的なスキルを持った修理工を雇用するが、彼らはまた、地元の労働者を育成するためにも必要とされる。もし地元での訓練が積極的に行われなければ、知識が他の国々に徐々に吸収されて行き、流出してしまう。これは窃盗と呼びたいくらいだが、本来、知識や情報は流出するも

のだ。知識と情報を手に入れた国々は、日本がかつてやっていたことをはるかに低コストでやってのけるようになるだろう。

日本は、模造品を安く売るためのトリックを考え出した、アジアで最初の国である。しかし、そこからの進歩がなかった。このトリックは、あくまでも一時的に機能するだけの経済であり、その後は革新が必要なのだ。日本は、技術国と名高いのにもかかわらず、過去数十年間で、メジャーな技術革新が見られない。

日本が革新を重ね、世界でもナンバーワンとしての地位を築いた分野は、サービス産業だ。お店やオフィス、公共、民間のありとあらゆる場所を歩くだけで、さまざまなサービスを目の当たりにする。今日の日本は、製造業がGDPのわずか23％で、この数値は70代後半から12％以上も減少している。サービスの分野は76％を占める。サービス産業は三次産業と呼ばれており、一次産業のように土や海から採取されるものではなく、また二次産業のように物理的にハード製品に変換することができない経済のカテゴリーに位置する。それにしても「ものづくり」に誇りを持っていた日本にとっては、これはやや意外な統計結果ではないだろうか。

不動産ブームがあった1980年に、平均的な日本人の可処分所得が劇的に増加した。不動産業、料理屋、広告会社の幹部、生命保険や損害保険の営業、銀行家、ショップ経営者やデザイナーなど、たくさんのお金を稼ぐことができた。サービス産業が拡大し、日本人は高いレベルのサービスを期待するようになった。日本には「お客様は神様です」というフレーズがある。どんどん気難しくなって行く客を確保していくため、企業は神様を満足させることを競い合った。

いまだにセールスマンが製品を売り込む時など、5人以上でぞろぞろやってきては名刺を差し出す。お店の入り口では4、5人が出迎えの挨拶をし、1人の客に3人の女性が化粧をし、

３、４人が購入した化粧品を袋に入れ、他の２人がリボンを結ぶ。どこのフロアでも同様だ。

　実に感動的な光景かもしれないが、同時に製品のほとんどが日本製でないことには驚かされる。日本経済の大部分は見せかけなのかと疑いたくなる。完全雇用を目指し、企業に補助金や減税を与え、見せかけだけの労働を雇用するという日本政府の積極方針の結果である。全くの資格を持っていない人をエンジニアとして仕事をさせるのは難しい。よって、「出迎えをする人」や「リボンを結ぶ人」として雇用するのだ。

　このタイプの経済は短期的には持続可能だ。第一に日本はまだ物を製造し、輸出によってお金を稼いでいる。これによって、昔ながらの方法でお金がもたらされ、政府に税収入をもたらす。しかし、他のアジア諸国と比べて日本の一人当たりのGDPは依然として非常に高く、自国通貨が非常に強いため、低コストで消費財を輸入し、価格を大幅に増加させて販売することができる。したがって、ほとんどのお金が国内に留まり、デパートの非日本製の商品、建物の使用料、電気代、そして職員の賃金に流れていく。

　多くの場合は、製品は日本人によって設計されているため、知的財産権による国の所得が生まれるが、前述したように、特定の設計物は知識や情報の漏れによって既に浸食されている非日本製の商品のお金は製造元へ流れて行くが、今の所は一度に大きな傷口からではなく、小さな所から徐々に出血している状態だ。サービス業の雇用に依存している人々は、非常に不安定な立場である。円が劇的に弱くなると、全てが終わってしまうだろう。

　本書を執筆する時点で、国会が今後３年かけて、消費税を５〜10％引き上げるという物議をかもすような法律を可決した。それが発表された翌日、広島県呉市のそごうが閉鎖を発表した。そごう閉鎖のニュースは少しの間、全国的に報道されてい

たが、誰もそれ以上は疑問を持つことがなかった。しかし、私たちは増税のニュースとそごう閉店には関連性があったと確信している。この百貨店は、壮大で華麗な過去の時代を思わせる造りであった。全ての階が華やかで贅沢な18世紀ヨーロッパの舞踏会を感じさせる雰囲気で、輸入した最高級のチョコレートを販売し、別の階には色とりどりのインポート服が並んでいた。経営者はバリュー・チェーンの中での不安定な立場を意識したのではないだろうか。このお店で客を歓迎し、リボンを結んでいた何百もの販売スタッフは一体どうなるのだろうか。

　日本のGDPは、世界で3位だ。2年前までは10倍以上の人口を持つ中国を上回る2位であり、日本のGDPがそこまで成長したという事実は、実に驚くべき話だ。しかし、私たちが指摘したように、その大部分をサービス業が占め、輸出と製造を通じて富を築いていった。

　GDPには多様な見方があり、誤解を招くことがあるが、労働一時間あたりを測定するGDPの指標は、国の生産性を測定するが、この指標によると、日本は世界で21位となる。午後の昼寝と愛情表現に時間を費やすスペインやイタリアよりも下位にランクしているのだ。この数値は、それぞれの国に対する固定観念をつくってしまうが、日本に住み、働いたことのある誰もが日本が21位であることが現実であることに納得するだろう。

　日本人は世界で一番勤勉な人種なのではない。単に、世界で最も一番長く働く人種なのである。日本では職場に出席していることが重要なのだ。日本で働く多くの外国人は、日本人は「忙しい振り」をするのがうまいと思っているだろう。生産的な職場であっても、数時間、数日、数週間は、パソコン操作をしているため、紙を別の箱に移し替え、本を棚に並べ、長い会話に花を咲かせる同僚たちは、パソコン前の職員

が眠りに落ちた事にさえ気付かない。この「外観が現実そのもの」という考え方は、サービス業には素晴らしく取り入れられている。そごう閉鎖の例は、この「現実」がいかにもろいものであるかを教えてくれた。

第9章　債券への資金提供

　ユーロ圏の国々が共通通貨であるユーロを導入した当時、ヨーロッパの経済大国であるドイツが、間接的に自国の通貨で占められる貸付金の保証人であることが、貸し手間での共通の認識であった。また貸し手は、低い金利で弱い国に喜んでお金を貸したことで、現在の混乱が起こり、無責任な借り入れを助長してきた。

　日本経済も同様に、債券が超低金利のため異常なレベルにまで成長した。ほぼ全ての資金が国内から供給されるので、このような低金利での借り入れが実現できたのだ。まさに「囚われの聴衆」と呼ばれる現象であり、国際的に知られている「日本株式会社」という言葉を作り出した。私たちは「チームジャパン」という方を好んで用いている。低金利をう

まく活用し、国民からお金を集めることで、日本の国債はジャンクレベルにまで格下げされることがなく、もう少しこのしくみを維持できると信じられている。数十年前の日本の家計貯蓄率の高さと安定した貿易黒字は有名な話で、家計貯蓄や企業収益は国債へと注ぎ込まれた。数十年に渡り、日本は一貫して貿易黒字を計上していた。このことは、国際社会が日本を依然として比較的弾力性のある国と認識させる一つの根拠となっている。だが、実はこの二つの資金源は徐々に底をつき始めている。

　後に詳しく説明するが、近年、日本企業は資本増加を目的とする利益の投資に、更に消極的になっていった。利益が銀行口座へ貯蓄され、銀行はそれによって債券を購入する。銀行や企業は、危険な債券バブルなるものへお金を注ぎ込み、これらの貯蓄に対しレバレッジ（他人資本を使うことで自己資本に対する利益率を高めること）を得ることができた。この状況は、収益がある限り、そして収益を活用する他の方法を見つけられない限り、この状況は変わらないだろう。特定の企業は将来まで収益を維持するだろうが、過去一年で、日本の半分の企業が貿易赤字を計上している。貿易赤字が継続、もしくは悪化する場合、恐らく後者となるだろうが、企業による資金のレバレッジバブルの崩壊が予想される。

　過去数十年に渡り、日本の家計貯蓄は減少している。1992年、日本の貯蓄率は15％近くあった。この貯蓄率の高さはフランスと並び、イタリアに次いで世界二位であった。それ以降、貯蓄率は着実に減少し、今日ではわずか約3％である。貯蓄率は相対的、絶対的に見ても低く、最も浪費国家と認識されるアメリカや、ほぼ全ての主要先進国と比べても低い。貯蓄率低下の原因として、一つには困窮した経済状態が背景にある。またもう一つは、退職する世代が貯蓄を止め、お金の引き出しを始めたという事実だ。

いわゆる「団塊世代」の退職が数年前から急速に勢いを増している。1947年から1949年の間に生まれ、多くが65歳まで民間企業で働いているこの世代は、2012年から一気に退職し始める。これは日本にとってさまざまな面で相当の転機であるが、今後数年以内に、これが原因で貯蓄率がマイナスになることは、ほぼ確実である。団塊世代の退職の波は、日本のあらゆるシステムにおいて負担をかけるだろう。特に公共、民間の年金制度には、巨大な圧力がかかるはずだ。年金基金は、国債のネットバイヤーからネットセラーに変貌し、政府の主要な資金源の一つを奪っていくという現在の動向が加速する。貯金が消えると他の物も同時に奪われていくのだ。

日本が過去に蓄積した膨大な貯蓄は、いまだに膨大であり、それが現時点から完全なる破綻までのバッファーになる。家計貯蓄のほとんどは、保険と年金積立金である。生命保険は、人口の90％以上が加入し、保険としてだけでなく貯蓄としても活用できる。つまり、被保険者が自然死以外で死亡した場合、その家族に保険金が下りるが、もし被保険者が退職する年齢まで達した場合、今まで投資してきた金額の大部分が戻ってくるのだ。

この大規模で、少なくともある程度バッファーとなる家計貯蓄は、決して過大評価されるべきではない。国債の最大の保有者は、銀行を始め、生命保険会社や損害保険会社である。つまり、日本の家計貯蓄の大部分が、間接的に国債に投資されているのだ。したがって、よく話に挙がってくる潜在的な国債のバイヤーなるものは、実際には存在しない。銀行、生命保険会社、損害保険会社の次にくる大きなバイヤーは公的年金基金だ。しかしこの基金は、既に国債のネットセラーとなっている。ここ数カ月で日本年金機構の理事長である紀陸孝氏は、更に約8,000億円を新興国に投資することを発表した。紀陸氏には災害の兆しが見えていたに違いない。

団塊世代が一気に退職しつつある中、日本はますます深淵へ追いやられている。年金基金は、国債償還の加速を強いられ、家計貯蓄率は低下するだろう。政府は、この段階で二つの選択肢に直面し、最初は恐らくこの二つを組み合わせたものを実行するだろう。

一つは、財政赤字に対し資金を注ぎ込める、大規模な貯蓄率を持つ国に変わっていくことだ。しかし、この場合は、投資家にとって国債がもはや魅力的な投資先ではなくなる。この点が懸念され、一旦外国のバイヤーを探し始めたら、金利が即時に上昇してしまうことを意味する。

これに対抗するもう一つの選択肢は、政府が日銀にもっと国債を買うよう圧力をかける方法がある。日銀の現時点の国債保有割合は、わずか8%以下だ。2012年に日銀は10兆円分の国債を購入し、累計で24兆円となった。2013年末までに29兆円分を目標としている。

日銀は、世界で最も保守的な中央銀行の一つとして知られており、一部の批評家は、日銀が十分な刺激を提供しないことが日本の問題の原因だと信じている。しかし、銀行の刺激と債務の貨幣化は別物だ。後者は短期債を長期債へ変換し、新しい国債を購入するために新たに貨幣を発行する。このように請求額の支払いのためにお金を印刷する方法は、使い古された手口の一つだ。もし日銀以外に国債の買い手がいない場合、全てが終了する。この状況は1日や1週間ほどでは発生することはない。政府が日銀に対し、低い金利を維持するために短期債から長期債へ変換するよう圧力をかけながら外国バイヤーを探し始める。しかし、状況はそう長くは続かないだろう。

❖　❖　❖

第10章　資本配分が間違っている？

FILP の Flip（裏側）

　資本とは何か。資本は富そのもので、価値を増やし、更な
る資本を作り出す。資本とは人、金、また設備や土地だ。これ
ら資本の類いは、時間が経つと価値を失ったり、老朽化した
りする可能性がある。例えば、紙幣は燃やせるし、建物は
徐々に朽ちていき、やがて自然に還る。

　では、公共事業への資金調達における政府の役割は何か。
民間の組織が行えない、もしくは行う意思のない、社会的に
有益な事業や活動に資金を調達するのが、政府の役割だ。国
の社会的、経済的条件は時間の経過とともに変化するが、政
府はこれらの変化を監視し、それに応じて国家予算を配分す

る。この点を念頭に置き、日本で何が起こったのかを見てみよう。

　バブル期は、超低金利のおかげで誰もが簡単に円を手に入れることができた。企業は借入金で、より大きな工場、より多くの労働者、そしてより高速な機器による生産工程の拡大に投資した。需要と供給のバランスによるこの拡大は、企業の安定的な利益をもたらしつつ、自然に持続可能な成長を続け、最終的に人々の物理的な生活をますます豊かにした。

　日本の問題点は、企業が新たな価値を生み出す成長路線に向けて、1980代後半に貸付金の上限が拡大されたことだ。企業は、政府や市場から今まで以上に簡単にお金を借りることができるようになり、その結果、資産の拡大路線に舵を切ってしまったのだ。その結果、資本の配分が間違ってくる。企業の資産バランスに偏りが生じ、生産が需要を超え、いわゆる過剰生産というバブルが発生した。その結果、バブルが崩壊してからは、資産価格の下落し、経済の収縮が起こる要因となった。企業は倒産し、個人は破産した。また、債務者（金を借り過ぎた企業）が債務不履行になり、一部の債務が免除され、債権者（通常は銀行）は、その債権の一部を失うことになった。

　しかし、企業は、リストラやコスト削減、資産売却を行なうことで、経営再建を図り、再び企業として事業拡大を目指すことができる。このような状況は一部で「創造的破壊」と呼ばれる。この言葉は、カール・マルクスの経済学を基礎としたヨーゼフ・シュンペーターによって有名となり、後に自由市場主義擁護者が、この言葉を使用した。しかしこの言葉は誤解を招く恐れもある。なぜなら資本を増やすには、一度破壊されなければならないという意味にも解釈でき、それが実行された場合、大きな無駄が生じることになる。より適した表現は「創造的再生」なのかもしれない。しかし問題は、この創

造的再生は日本人にはなかなか受け入れられないことである。

　一般的な日本の学生の夢は、巨大で立派な企業の小さな歯車となり、生活のためにそこで働くことである。もしその企業が倒産したら、不運な雇用者は、人生の主要な時間をコンビニなどでアルバイトをして過ごすことになるかもしれない。日本企業では実質上、積極的に中途採用を行なっていないため、政府は、大企業が破綻しないようにサポートしている。

　過剰投資が引き起こす過剰生産ブーム、すなわちバブルは日本政府が介入したことで引き起こされた。歴史上、過去にも過剰生産ブームは何度か発生しており、中国では、現在まさに進行中である。特に、中央集権型国家におけるこのような過剰生産ブームは、アメリカやヨーロッパでみられる過剰消費ブームよりもはるかに長く続くことになる。それは政府が、マーケットシグナルを無視し、生産拡大に向かって資本を注ぎ込む環境を整えるからだ。一方の過剰消費ブームは、中央集権から分離して起こっているため、市場は敏感に対応することができる

　日本では一度経済の衰退が始まると、日銀と政府は専門の公的機関を経由し、経済のシステムに多くのお金を送り出すようになった。過剰投資と資本の不当配分は野放し状態だった。例の「誰も渡らない橋」の建設はまさにその典型的な例である。日本政府は経済を刺激しようとして公共事業に巨額の金を費やす。目的は雇用環境とインフラを整備することで経済成長に弾みをつけるためだ。新しい道路は、より速く効率的に移動でき、生産性が上がるよう建設される。もちろんこれらの理論は紙面上では聞こえはいいが、将来の支出が現在に前倒しされる形となる。実際に何が起こるかは、また別の話である。極端な例として「誰も渡らない橋」が小さな過疎化した島を結ぶために建設されたとする。このようなインフラ計画は、巨額の予算を使うことになるが、ごく少数だけが恩恵

を受けるだけで、国の生産性の向上にはほとんど貢献しない。これは、政府と地方自治体による説明困難な計画や、企業や市民の将来的ニーズに関する認識不足、インフラの利点を考慮しなかったこと、また例によって専門の利益団体が意思決定をゆがめていることが理由である。

　ところでこの「誰も渡らない橋」を建設するお金はどこから来たのだろうか。答えはFILP（財政投融資、以下、財投）だ。財投は、1950年代初頭に特殊法人として設立された日本開発銀行（現在の日本政策投資銀行）を通じ、経済回復を加速させるための資金供給を目的とした企業融資である。また当時、財務省にあった資金運用部（2001年廃止）は、ファンドマネジャーのような役割を担っており、郵便貯金、年金資産、簡易保険など国民のさまざまなお金を運用する活動を行っていた。また、財投機関にも融資をしていた。特に、郵便貯金の巨大なシステムは、個人貯蓄保有者数が世界最大となっていた。しかし皮肉なことに、最終的にこれが、日本経済システム全体の問題点になる。

　現在の世界的金融システムの信用は、経済の潤滑油である。信用通貨の大部分は、銀行借入金から供給され、銀行借入金は、通常は預金という大きなプールから供給される。日本は、郵便貯金によって膨大な額のお金を所有し、それらを引き出しては、公共事業にお金を注ぎ込んだ。その規模は計り知れないほど莫大だ。郵便貯金からのお金は財投を通じ、政府関係機関、地方自治体および他の政府機関にばらまかれる。財投は、非常に不透明な実態である（2001年以降に財投改革が実施されたが、実態は今も同じだ）。

　財投はまた、政治的主導権の範囲内で簡単に調達できる資金であり、議会の承認が不要である。そのため規模が拡大し、日本の第二の予算として知られるようになった。このような厳格な規律に欠ける制度は、特別利益団体や官僚が関与し、良

い意味でも悪い意味でも資本の不当配分の罠にはまっていく。

　産業発展の初期の目的であった経済回復から、焦点がゆっくりと生活環境の整備へと移り始め、その後、資金の多くは中小企業をサポートするために使用された。1989年のバブル崩壊による経済成長の失速で、合法的なプロジェクトによる需要はなくなったが、財投機関を介した巨額の資金は、悪評高い公共事業へとつぎ込まれた。

　この問題を複雑にしたもう一つの要因は、地方自治体への地方交付税によるお金の借り入れである。地方自治体への融資の大半は財投によるもので、自治体はこれらの融資を受けるために地方財政が健全であることは特に必須ではない。むしろ、実態は逆である可能性が高い。土居丈朗氏と星岳雄氏による論文、「財投への支払い」（原題：Paying for the FILP）によると、財投による融資の正確な見積残高合計は、約357兆円で、そのうち75％は不良債権として債務不履行（デフォルト）となる可能性が高い、と提唱されている。このような深刻な状況が、なぜ主流メディアで公表されていないのか疑問に思うだろう。

　理由の一つに、公式な会計報告に、深刻さが反映されていないという事実がある。土居氏と星氏が算出した損失には二つの背景がある。一つ目は、不良債権の過小報告、二つ目は、資産の過剰見積りである。この資産の大部分は、市場にマークされていないので、帳簿には長年、膨張された数字が記録されかねない。

　郵便貯金にお金を預けている読者は、これを聞いて少し青ざめているかもしれない。しかし、当面は心配ない。前述したように、地方自治体は地方交付税を受けており、地方自治体が病めば病むほど、再建のために、より多くの資金が注がれるからだ。これら資金には、ゆうちょ銀行への融資の返済を含んでいる。財投から資金を受け取る公的な政府機関の場

合、政府が、これら機関の株式を保有している債権者を救済
することになる。しかし、どうやって政府がこれら将来の損
失を補填するのかについては、多くの問題点が浮上してくる。
この点については少し先の章で詳しく述べるつもりだ。

　日本の国内で行なわれている資金調達に精通している読者
は疑問を持つかもしれない。2001年の財投の改革は、これを
全般的に改善するものではなかったのか。ご指摘の通りだ。
しかし実際には、まだいくつかの点については変わっていない。

　まずは、改革されたものを見てみよう。2001年に政府は、
郵便貯金の投融資を廃止した。既に触れたように、郵便貯金
の多額の預貯金が、大きな問題の一つであった。その結果、
公的融資に注がれる預金を制御できず、財投の規模が拡大した。
財投機関はこのお金を使い切る必要があり、民間企業や銀行
が提供する融資や出資計画との間で競争を始めた。これは
1980年代のバブルを引き起こした要因の一つかもしれない。
銀行は、財投機関によって減少した利益を増やすために、資
産や株式市場への投機を行なったのだ。またバブル崩壊後の
財投は、悪い金の後に良い金を投入し、衰退する製造業や企
業を支えるために利用されるようになった。財投の多くは、
生産性を向上することもなく、長期的な見通しを立てること
は出来なかった。2000年頃には、財投機関の大部分は表面上、
自己資本比率がマイナスで、数値上では破綻していた。現在の
財投は、金融ブラックホールになってしまったことが明らかだ。

　2001年の財投の改革により、郵便貯金と年金積立金につい
ては、資金運用部への預託義務が廃止され、企業は自主的に
市場から運用資金を調達した。政府関係機関は、財投の取組
み改革を通じて、融資先企業が期待される政策目標を達成で
きるかどうかを判断する費用対効果の分析を行い、融資決定
を行う様にした。

　この財投の改革が導入されて以来、資金の流れは小さくな

ったが、そのプロセス自体には大きな変更はない。既に郵便貯金に預託義務がなくなったのにもかかわらず、ゆうちょ銀行は偏った少リスクの取引として財投機関へ資金を供給している。前述したように、政府関係機関は今では独自の債券（大部分を政府がバックアップしている）を発行することができ、またそれを積極的に行うよう奨励している。これらのさまざまな政府機関の独立は信用格付けに反映され、強力な団体であるJICAは、他の機関、例えば日本政策投資銀行のような所よりも安く借り入れすることができる。

しかし、財投の改革がシステム全体をむしばむ重要な問題が一つ挙げられる。2001年の改革では業績が振るわない公共団体を閉鎖するために必要な法的手続きが存在しなかったのだ。土居氏と星氏は、「業績不振の団体を正す何らかのアクションがない場合、これらのマーケットシグナルは効き目がない。この状況によってもたらされたコストと長期的に渡る影響は、政府の救済に行き着くと信じている。」と指摘している。

財務省によると財投改革後に、財投への資金の流れは徐々に減少しており、改革に効力があったかのように見えた。しかし、残念なことに、2008年に金融危機が起こった時点でこの公的資金から財投資金への流れの減少が逆転した。また、その後の東日本大震災と津波により、財投へ資金の流れが再度加速したのだ。2011年には財投への資金流入は20.6兆円に上り、残高合計は186.3兆円となった。10年前に比べると、はるかに良いが、数値は再び膨張し始めたのだ。

今回は、公共団体も直接発行した債券を10年前とほぼ同じ状況のまま所有することになるだろう。これは椅子取りゲームならぬ負債取りゲームだ。債務の構造は、経済のシステムが改革されるたびに変わるが、進行する貿易赤字によりゆっくりと椅子が取り除かれていく恐怖を感じざるをえない。最後

の椅子が取り除かれると、このシステムは崩壊するかもしれない。

　財投資金の乱用によって起こる不当な資本の配分は、全ての自治体に浸透している。財投が当初の姿のように、生産的に機能していれば、付加価値を得られていたかもしれないが、それが得られないでいる。母なる大地は無意味なインフラ事業をじわじわと浸食していき、負債を発行した本人に負債を残したまま、インフラ事業を消滅させるだろう。その結果、無駄になった資金は「成長し続ける膨大な公的債務」として政府の肩に重くのしかかるだろう。

第11章　そこまで悪い？

　日本の状況は、そこまで悪くはないという主張もある。それもそのはず、日本は過去10年以上、多くの人が円を空売りし、国債で大損をし、日本の崩壊を予測していた悲観主義者の嘆きは、既に墓地に葬られている。彼らが予測していた、日本の崩壊も実際には起こってはいない。だがこの予測では、崩壊のタイミングこそ的中しなかったものの、将来発生しないとは、決して断言できない。

　「迫りくる危機」への対策は二つある。一つ目は、デフレ脱却だ。この対策は日銀が実行し、全ての日本経済の苦境が回復に向かうだろう。二つ目は、状況に応じて数値を注意深く見ることで、国の財政状況を把握することだ。日本の資金調達方法は、非常に複雑で独特である。そのため、表面的な

数値を見たまま受け入れると誤った解釈をすることがある。

　ここでデフレについて掘り下げてみる。現在日本で、デフレは大きな争点であり、これに関する本が、書店を埋め尽くしている。しかし、誰も日本のデフレの原因を完全に把握しておらず、どのようにこれを回復させるかという方法論についても手付かずである。デフレの根本的な原因は、見方によっては良性のものでもあるし、同時に破壊的でもある。

　デフレはインフレの逆であり、多くの潜在的な原因や対処法も逆になる。一般的に、デフレは需要の低下、または供給の増加、もっと正確には生産性の拡大によって引き起こされる。需要低下の最悪な例として、1930代のアメリカで、物価が平均で年率10%減少した大恐慌がある。実に、「デフレ・スパイラル」を引き起こしたケースである。商品に対し、お金の価値が劇的に上昇したため、例えゼロ金利であったとしても年間10%の損失をこうむることを世間が認識し、ローンを組むのをためらった。消費者が更なる価格下落を予測して購入を先送りにしたことで、状況はますます悪化した。もう一方の供給増加の例として、19世紀終わりから20世紀の始めにかけ、改善された生産技術により、コストが急速に下がり、先進工業国全体で価格の下落が起こった。売り手は競争に勝ち残るため、消費者に対し低価格で商品を大量に提供したのだ。

　インフレの場合、お金は商品に対する価値を失い、デフレの場合、お金が商品に対し高い価値を持つ。インフレが一般的な商品の増加に見合わないマネーサプライの増加によって引き起こされるのに対し、デフレはマネーサプライの減少、もしくはマネーサプライの増加が景気拡大に追いつかない場合に発生する。原因はともかく、デフレは結果的に商品やサービスそのものの価値よりも、現金通貨のほうに価値を見いだすという事態を招く。

　日本のデフレは、複数の要因の組合せによって発生した。まず、バブル期に物価が途方もなく高くなったため、20年におよぶ穏やかなデフレによって、正常な状態に戻す必要があった。ある意味、デフレは必然的であり、むしろかなり好ましい状況でもあった。特に、住宅や商業用不動産の価格が20年間、低下傾向にあった不動産市場にとってはそうである。最終的に家主は、より低い家賃を顧客に提供せざるをえなかった。この間、人為的にリフレーションを試みたなら、問題は解決できていたかもしれない。だが、更なる問題へと発展する可能性も否定できない。日銀が景気を刺激するために、過剰にお金の増刷を行っていたら、円の価値は大きく下がり、日本の消費者の購買力に悪影響を与える可能性があった。

　デフレのもう一つの要因は、生産の効率化だ。これは日本国内でも起こったが、大規模に発生したのは国外で、特に中国である。日本は、安価な商品を大量輸入し、競争に勝ち残るため、小売価格を下げた。安価な輸入品や円高は、日本国内の消費者に貢献した。しかし、貢献したのは唯一消費者に対してである。前述したようにアジア諸国からの安価な輸入品の蔓延によって、国内の生産者は、競争に勝ち残るために賃金カットを行なったため、経済においては負の波及効果をもたらしたのだ。この状況は日本経済にとって破壊的であることは間違いないが、これは単にデフレというパズルの中の一破片にしか過ぎない。

　更にもう一つの要因は、需要の減少である。年々価格の下落が起こる中で、消費者が、将来的に価格が安くなると推測し、大きな買い物を先送りにした。まず、過去20年あまりの間、デフレが平均年率1%をキープしていることに注目する。フルタイムで働く若い恋人たちがおり、結婚を予定していると仮定しよう。住む家を見つけ、そこに備え付けるベッド、ソファ、冷蔵庫、テレビ、電子レンジ、その他の家電製品を購入し

ようとする。そのためには、費用が必要となるが、結果的に、彼らがタンスの中に十分なお金を貯め込むまで、向こう５年程、全ての計画を先延ばしにする。これは、全く本末転倒の話である。このようなさまざまな社会的、経済的環境は、実家を離れられない世代を作り出し、需要の減少に拍車をかけている。残念なことに、リフレーションには社会の大きな流れを逆転させる魔法の力はない。

　日本でお金をたくさん所有しているのは若者ではなく、高齢者だ。高齢者は、高度成長期の戦利品である 1,300 兆円のお札の上にどっしりと腰をおろしている。これは「悪意なき欺瞞」という罪かもしれない。お金は権力であるということは全世界共通の認識だ。裕福な個人がお金に物を言わせ、周囲の人に影響を与える行動は、決して珍しいことではない。日本の場合は、それが特に誇張され、世代間ではっきりとその役割が線引きされているようだ。そのラインの平均が 67 歳である。高齢者は蓄積された富によって、若い世代の生活に負担を課し、人生の意思決定を誘導する。それでも政府は、既に富と権力を握っている高齢者の方に余剰資金を流動させており、世代間の格差は更に悪化する。最近、日本の経済学者の中で呼ばれる「リア王症候群」なるものが進行している。これはお金を失うと家族の愛までを失ってしまうという恐怖を意味する。お金があるにもかかわらず、使うことができないという事実から、社会的な問題が深く根付いていることに気付かされる。

　もう一つの現金貯蔵庫として、日本企業が挙げられる。総計すると日本企業は、数 100 兆円ものお金を保持していると推定される。もちろん、このお金は帳簿上では、銀行や信用のおける国債の購入者が保有しているが、この現金の大半は民間部門を通じてではなく、債券市場で循環している。

　それはさておき、これらの日本企業がその大きな手元資金

で何を計画しているかは、簡単に推測できる。そしてこの計画
は、国際的なビジネス基準からすると、かなり不道徳な行為
に値する。もし銀行部門と債券市場を通じてお金を再循環す
る以外方法がない場合、株主に配当金を支払うか、株主が適
切だと思う所にお金を投資させるべきである。日本企業は、
密かに何か大きな奥の手を用意しているのだろうか。まさに
日本企業は、海外で一斉に資産を買い上げるなどという何ら
かの国際的な買収を計画しているかもしれない。このことは
実際に、2011年版の「エコノミスト」誌で、ある程度予想さ
れている。国内消費に頼る一部の日本企業は、過去数十年に
順調な業績を上げていることから、海外企業を買収するのは
他ならぬ日本企業だと言われている。もはや日本企業は、数
十年前の有名な輸出業者ではない。海外企業を買収すること
で、貯蔵金にインパクトを与える程、資金が減少するわけでは
ないが、それが実際に起こる場合、お金は海外へ流れ、地元
経済を刺激しなくなる。

　日本の場合、単に債券市場を通じてお金を再循環させるよ
りも、もっと魅力的な機会があるのに、企業はそれを見逃し
ている。もしくは、銀行や政府からこのお金を取り奪おうと
する場合、債券危機を引き起こす可能性があると考えている
かもしれない。あるいは逆に、ある種の危機が差し迫ってお
り、それが広がるとお金の流動性に深刻な問題が生じること
を恐れているかもしれない。日本企業は、何らかの現金によ
るバッファーを望んでいる。お金が既に債券に縛られている場
合は、期待するほどのバッファーはないだろう。しかし理由
は何であれ、日本企業が現金を商品よりも価値のあるものと
して認識しているためにデフレが起こっているのだ。

　しかし、デフレは経済にとって本当に悪いものなのか。緩
やかに継続するデフレは、むしろ健全ではないだろうか
GDPの測定の方法はさまざまだが、全てが会計単位として法

定通貨に基づいている。したがい、現在主流の経済学に基づく測定において、GDP の増加を達成するためには、日銀がお金の流通量を増やす必要がある。健全な経済では、一般的にお金の増加が経済生産の増加に沿っていなければならない。

　安定した人口動態と高い生活水準によって社会が完全に発展し、工業化が実現する。その年のニーズに沿った資金を、社会が十分供給できる状態ならば、「成長」をストップさせてもよい。そして、社会全体で、より少ない労力と時間で、より多く生産するという、効率の改善を行うべきだ。そして、余剰金で、人口問題に対応したり、消費支出用の資金を確保したり、また必要なインフラや機械の整備を行ったりする。更にこの余剰金の一部は、研究開発に再投資することで、より一層効率を向上させ、コストを削減できる。そしてこのサイクルは継続する。結果的に、経済は縮小するが、GDP でみると平均生活水準が高くなるだろう。したがい、緩やかなデフレは、原則として決して退治すべき病原体ではない。

　前述した例は、人口動態が安定しており、かなり発達した社会の場合を仮定している。日本の場合は、残念なことに人口減少が起こっており、それに応じて全般的なニーズ（医療を除く）や、生産性も低下している。しかし、これはデフレが原因ではない。日本の場合はむしろ、人口統計的、社会的、構造的な面に問題の原因がある。もしマネタリストが好き勝手に行動し、日銀が緩やかなインフレを創造できたら、これらいずれかの問題を解決できるだろうか。もしオムツの価格が年率2％で上昇しているのを見たら、女性は出産時期を早めるだろうか。大金を所持する高齢者が突然、若者に権力を振りかざす必要がないと考え始めたら、代わりにお金を湯水のように使い始めるだろうか。それはなさそうである。マネタリストは、マネーサプライを微調整しながら、どうやって鉛を金に変えようかと頭をひねる錬金術師に過ぎないのだ。

日本が国内で資金を調達し続けている一方で、国民からお金を得るための2つの方法がある。課税と債券の発行である。国会の支持を得て、日銀に従事している何らかの刺激が必要と考えている経済学者たちは、3月11日の東日本大震災が、最大の敵であるデフレを打破する機会を与えたと信じている。この説についてはJPモルガン・アセット・マネジメントの榊原可人氏とダン・モリス氏が「日本の債務の罠：誰が罠にかかったか？」という論文で提唱している。

彼らは結論として「最終的にデフレに終止符を打つことが持続的な景気回復の前提条件だ。それが新たな債務による融資なのか、それとも消費をためらう民間機関の収益を「公共事業を拡大したくてたまらない政府」へシフトさせるための増税なのか。いずれにせよ、これらの支出の塊はデフレを刺激し、その終焉を早めるだろう。」と述べている。

1990年代の間に日本政府は、「近くで重複している高速道路」や、「誰も渡らない橋」を建設するという、無駄な「政府の公共事業の拡大」に、100兆円以上を投融資した。しかし、これには「成長」を起動させる影響力はなかった。地震の後の復興は必須であり、全てが一度元通りになるのは良いことだが、もし借金の額が増えているなら、特別な建設国債を通じて裏側の債券を発行する。この大震災が、デフレを打破する機会となるという説に従うなら、もし本州が海に沈んだら、政府は何兆円もの債券を発行し、海底から島を引き上げるという大掛かりで刺激的な事業に費やすという、日本全ての問題に対する究極な処方箋を提供するのではないだろうか。本州の引き上げ事業が完結するまでには、デフレと全ての日本の全苦境は終焉を迎え、さぞかし満足することになるだろう。

この論文の筆者は、債務には全く問題がなく、日本には差し迫った危険はないという考え方である。榊原氏は「GDPに

対する国債残高の比率が高すぎると主張する一部の専門家は、公共の債務データのみに注目するべきだ。言い換えると、債務データは民間資本市場から政府への唯一の純借入要件を反映するように調整されるべきだ。この測定によると、公的に保有される国債残高（日銀、国民年金基金、日本郵政公社、簡保などの準公的機関を除く）は、GDP に対し 60％よりやや少ないくらいだ。」と主張している。これに対しモリス氏も、比率の低さは実に驚くべきレベルだと呼応している。

　これは、まったくもって驚くべき主張で、耳を疑いたくなる。信じがたいことに、この話は大手銀行の主要エコノミストによって、クライアントにも配信されている。

　榊原氏とモリス氏は、債務パズルの中の最大の破片を除いた負債を計算する方法を編み出したが、日本国民の膨大な貯金が蓄積されている「準公共機関」の存在を無視している。更に両氏は、債務データは民間資本市場からの借入要件のみを計算するべきと考えている。この議論の論理的な結論を仮定すると、もし全ての債務が日銀の購入を通じて資金調達された場合、今よりもむしろ良い状況となり、これは理想的な姿である。しかし厳密に言うと、日銀は民間資本市場の一部ではない。両氏にとっての最良のシナリオ、つまり日銀だけが国債や政府債の購入者であるというのは、実は最悪のシナリオなのだ。両氏はブードゥー経済の大祭司ではなかろうかと疑いたくなる。

　私たちは、デフレを打破することで日本の全ての問題が解決するとは思わない。デフレ自体が問題であることさえも確信はない。また政府の債務問題の及ぶ範囲を隠そうとするゆがんだ経済の方程式にも反対だ。

　別の見方として「強い日本」について議論してみよう。最近の「フォーブス」誌に掲載された「もし日本が破産したら、どうやってヨーロッパを救済するのか」という記事に着眼す

る。筆者のエーモン・フィングルトン氏は、日本は、見かけほ
ど多くの問題を抱えてはいないと主張している。その記事では、
日本は外国に対し、多くの援助を行っており、財政状況は財
務省の報告内容よりもはるかに良い状態であろうと述べられ
ている。財務省は、財務状況の報告内容が非常に不透明であ
るということを常に指摘されている。この事実が日本の財政状
態が見た目よりもはるかに良好な状態であるという、彼の見
方を裏付ける。また彼は、西洋の記者たちが、財政状況報告
を読み取ることができない、もしくは注意深く見ようとさえ
していないことを非難している。

　では、日本は海外に対し政府開発援助（ODA）や財政援助
をしているので、見かけよりも良好な財政状態であるに違いな
い、という主張について注目する。さまざまな憶測がメディア
を飛び交う中で、この主張は明らかに間違っている。「もし A
ならば B である。」よって「B である。したがって A であ
る。」という後件肯定は、論理学的に誤謬である。例え A が
B であったとしても、それは B が必ずしも A であるわけでは
ないからだ。フィングルトン氏の理論には、多くの仮定があり、
その仮定がどこから来たのかがみえにくい。

　では、なぜ日本は援助をし続けるのか。一つに、単に利他
的な目的ということが考えられる。本来の ODA や財政援助の
目的は、戦略や安全保障問題から政治的、経済的、また商業
的利益に至るまで、さまざまだ。しかし、シニカルな目つきで
見ると、この利他的動機は全ての点において疑わしい。日本
の ODA の多くは二国間援助であり、多国間援助と比較すると、
日本経済への利益還元において、はるかに効果的なのだ。援
助の他の理由として、日本政府が合法的な資金源から、援助資
金を調達していることが背景にある。ODA の大部分は財投や
JICA の社債の直接的な発行によって資金調達される。財投資
金は日本国民の郵便貯金口座から補われているのは事実だが、

この支出は政府の帳簿には記録されず、この貸付けのほとんど
が低金利の超長期借入ローンである。JICA によると、2010
年の時点で 2,948.8 億円の貸付残高があるという。

　政府が望むように、人々が多くのお金を費やすため郵便貯
金を引き出し始めた場合、何が起こるかは簡単に想像できる。
ゆうちょ銀行は、現金の引き出しに対する資金を供給するた
めに資産を売却しなければならない。結果的には金利を押し
上げて、クレジットイベントが発生する可能性を増加させる
ため、ゆうちょ銀行は、国債や保有する他の債券を売却しな
ければなくなるだろう。

　日本の ODA を一元的に行う JICA は、更に多くの非政府団
体（ODA を含む）に融資しており、山積みの債務の上に更に
独自の債券を発行し、事業資金を調達していることに気付くべ
きだ。JICA の社債は円建てでのみ発行されるが、政府は
JICA に外国通貨での債券販売を奨めている。政府は、JICA
やその他の政府関係機関が、債券市場で直接の社債を発行で
きると認識したのではないだろうか。政府はそれら機関に外
国のお金を追いかけさせたいのだ。

　JICA のバランスシートは、他の同様の政府関係機関よりは
良好な状態であることは事実だ。ただ、いい加減な政府機関
の機能を停止させるような公式なメカニズムは存在しない。
政府は、政府関係機関が財政難に陥った場合、救済しなけれ
ばならない。そのため、暗黙に JICA とそれ同等の機関を支持
しているのではないかと確信する。その救済資金は更なる債
券の発行による可能性が高い。その証拠にスタンダード＆プア
ーズ社が、JICA 債と日本のソブリン信用格付けを同時に AA–
に引き下げている。

　前述の構造から、ODA によって政府の財政が健全な状態に
なることは、証明できない。実際はむしろ逆で、日本の財政
状況は援助計画の財政状況に沿って、迅速に悪化している。

　フィングルトン氏は、日本がユーロ圏に提供している具体的な援助について述べているが、私たちは、大手のメディアが報道する、日本のODAの記事について少し異なる見解を持っている。国内のクレジットイベントの発生に備えた大規模な外貨資金と外国資産を構築することが、日本にとって有利になると考えている。円の価値が急速に低くなる場合、外国資産は日本国民に収入と安定をもたらす。後の章でこの論点を更に広げるつもりだが、既に政府は、この戦略的な計画の準備をしているかもしれない。

　一つ懸念すべき点は、日本が戦略的な企画など全く準備していないことだ。日本にとって外国へ援助することは、「面子を立てる」ことや国家の誇りを維持することを意味する。長い間援助に貢献し、世界でも有数のドナーとしての評判を築いた今、日本がそのステータスから堕落することは受け入れにくいことかもしれない。最近、政府の官僚がこのような報告をした。「結局の所、我々は中国には負けたくない。日本は既にGDPから外国為替準備に至って中国にリードを許している。一番の重要な課題は、我々がどのように存在感を主張していけば良いのか、ということだ。」この様なコメントはODAの「国家の誇り」の考え方を裏付ける。そして、私たちがこれまで述べてきた考え方をも全て裏付けてくれる。

　一方の財務省から出てくる報告データの一部がかなり曖昧であることは事実である。実際、私たちがこの本を書くためにさまざまなリサーチをしてきたが、この事実が否定できないことを実感している。透明性の欠如によって、実は見かけよりも健全な財務状態にあるのではなく、むしろ、多くの問題が背景に潜んでいることが示しているのではないだろうか。

　欧米のジャーナリストがバランスシートを読み取ることができないことは、恐らく事実だろう。多くの情報やデータ、グラフが、さまざまな報道機関やブログの記事を通じて活用さ

れており、私たちも正直、財務報告が正しいかどうかの判断は難しいと感じている。しかし、ここで一つ疑問がある。肝心のフィングルトン氏自身はバランスシートを読み解くことができるのだろうか。それを証明する記事をまだ読んだことがない。

第12章　時が来たら

　審判を受ける日はいつだろうか。そしてそれはどのような姿となって現れるだろうか。もし日本が直ちに進む道を変更しない場合、３つのシナリオが待ち構えているだろう。

　本章の中の「身勝手な銀行家」では、銀行家が外国に日本を託し、自分自身の安全を守るという、あまり起こりそうではないが、可能性は否定できないシナリオについて見ていく。「核の恐怖とインフレの進行」では、３月11日の東日本大震災と福島の原発事故が国家の精神にどのような変化を与えたのかを探る。エネルギーの輸入コストにどのような影響を及ぼしたのか。この状況に日銀で紙幣印刷を気前よく行うイエスマンが加わることで、高インフレに対する恰好の治療法となるかもしれない。そして、日本の文化的な性質と日銀の伝統的

で保守的なアプローチを考えると、最も可能性の高い結果は、本章最後の「チームジャパンの絆」で述べている通りになると私たちは考えている。

身勝手な銀行家

　国民、企業、銀行、政府関係機関の要素で構成された一団体を「チームジャパン」と呼び、その「チームジャパン」の分裂について注目する。
　私たちが述べてきたように、日本での資金調達は国内で行なわれているため、政府関係機関は、長い間自らによって資金調達を継続してきた。企業は国内外へ商品やサービスを提供し、その利益を銀行に蓄える。銀行は、そのお金を企業や国民に貸付けたり、政府に対する資金援助を行なったりする。国民は商品とサービスにお金を払い、働き、一部の人は、政府から給付を受け、直接的および間接的に政府に資金を提供する。政府は、税金という形で国民や企業からお金を徴収し、不足分を銀行から借入する。結局、政府は間接的に同じ企業や団体などから税を絞りとることになる。一部のお金は国民に恩恵を提供することに費やされ、一部は借入金を払い戻すのに費やされる。
　「チームジャパン」を構成する各機関は、互いを信頼し、国家と人種の強い一体感を育み、決裂を避け、仲間を犬の餌食にすることはない。ただし、この状況に疑問が生じる。銀行は「チームジャパン」を維持するために、警告サインや規制を無視できるのだろうか。また最終的には独自のリスクモデルにしたがい、あまりにも危険性が高くなった場合、政府の借金を放棄できるのだろうか。最強の機関が、単にその存在を維持するため、弱くて無駄な機関を断ち切る時は来るの

だろうか。

　債券の購入に直接関わる銀行は、債券市場で、一方では愛国的な理由でそれを担うと主張し、他方では出口戦略を持っていることを主張する。全ての銀行にとって、いくつか理論的な出口戦略は存在するかもしれない。しかし、それらを全て同時に試した場合、散々な結果に終わるのは明らかである。いわゆる出口へのラッシュにより、日本の債券市場は、過去の歴史的な金融バブルのように爆発し、破滅的な結末を迎えそうだ。

　銀行の全てが、帳簿上に莫大な量の国債を保持しているので、債券市場の崩壊を見たいとは誰も思わないだろう。2000年から2012年の間に、その預貸率は95％から70％に減少した。銀行は、国債の入手を厄介な規模にまで増加させながら、債券市場へ流れる未使用の現金残高を増やした。今や銀行と政府は、分離されると死んでしまう結合体双生児のようである。そもそも、銀行が市場へ介入したのは限られた選択肢と何らかの愛国心からかもしれないが、少なくとも今の所は、その位置に自らを定着させることが、目的なのかもしれない。

　私たちはこれまでの章で、債券市場に混乱を引き起こすさまざまなリスクについて述べてきた。莫大な数の団塊世代によって、じわじわと資金が枯渇していくだろう。収入が停止し、貯蓄の引き出しが始まる。そして、銀行が国債購入を制限する。保険契約者が解約し、還元し始める。年金基金は、年金を支払うために資産を売却する。政府の目はますます外国の投資家に向けられる。世界経済が今日と全く同じ状況であるなら、ゆっくりとした資金の消失は徐々に利回りを押し上げる。しかし、世界経済が向こう10年何の変化もないということはまずあり得ない。

　後ほどまた述べるが、原油価格の上昇、新興市場でのハイリスク取引の回復、米国での金融緩和政策の継続、はたまた

これらの要因の組み合わせが、エネルギーと商品の価格を押し上げ、同時にインフレとインフレを悪化させる円の流出を引き起こす。銀行は、債券の利回りが高くなると、国債購入をためらうか、または短期債のみを保有したがるかもしれない。これに対抗するため、日銀はしぶしぶ国債を貨幣化する。債券の利回りが上昇し、デフォルトのリスクが増加し始めると、銀行内部のリスク評価が、国債ポジションの一部を手仕舞いするよう要求してくる。

　日本は手続きに重きを置く国だ。また、規則にしたがう国でもあるので、規則に売却しろと書いてあるなら売却するまでだ。しかし、規則にしたがうだけではなく、ある程度の自由な思想が存在するなら、いわゆる囚人のジレンマ状態となる。監獄に複数の囚人がおり、全員がその場に留まって痛みを共有することを選べば、全員が生き残ることができる。しかし、長い目でみると単に避けられない事実を遅らせているだけに過ぎない。もし長期的に生き残れるチャンスがないのなら、最初にそこから抜け出すことが賢明だ。おそらく銀行家たちは、一つの銀行がアクションを起こすと、残りも同時にそうしようとするだろう。銀行の出口戦略が実施されると、債券の利回りは突然上昇する。銀行が保有する国債の平均的満期は2.5年であり、また政府は政府自身に資金を供給するため短期債に大きく依存しているので、この状況の対応に、ほとんど一息つく余裕はなくなるだろう。

　政府は以前発行した債券を返済するため、ますます多くの短期満期債券を発行していくことになり、下降スパイラルへ突入する。債券市場の崩壊により、買い手がどんどん少なくなり、皆が出口に殺到することで、銀行は戸口を塞がれる。市場では、価値がないと見なされている債券には買い手が見つからず、財政状況が大幅に弱体化するだろう。そしてクレジットイベント発生につながり、相互の信頼関係に大きな支障が

出てくるだろう。

　銀行は、取引先が帳簿上に膨大な量の無価値の債券を保有していることを認知すると、貸出金を再び見られなくなることを恐れ、貸し出しを渋る。これは2008年の金融危機に、銀行の取引先がサブプライム・ローンの金融商品にさらされている事を恐れたのと全く同じ行動だ。また、銀行が貸し借りすることができず、事業や国民に貸し渋りを行なったのと同じである。特にオーバーナイト・ローン（翌日決済を条件に金融機関や大手企業間で貸し借りを行なう金利市場）に依存する企業は、金を搾り取られ、多くが破綻するだろう。

　この時点での救済者は日銀だ。しかし、日銀は喜んで手を差し伸べてくれるだろうか。理論上、日銀は円の唯一の発行者であり、経済システムに流動性を注入する無限の力を持っている。もちろん後にインフレ、または完全な通貨切り下げが発生するリスクを背負うことにはなるだろう。しかし、もっと深刻なのは、もし日銀が流動を促す断固とした決定をくだす場合、そのプロセスにおいて日銀自身を破滅に追い込む恐れがある。銀行に流動性を注入することにより、うまくいけば市場の安定化を実現させ、クレジットイベントの発生を食い止め、かなりの規模において、いわゆる通常の金融政策を実践できる。銀行から国債を買い戻すために新しい通貨を発行することができるからだ。

　しかし、日銀はこれらの債券を、ほぼ価値のないものとみている。また、政府が後に債券保有者にヘアカット（債務元本の削減）を強要する場合、最近購入した債券を100年債に変換するか、もしくは完全に回収不能とする必要がある。しかし、完全に債券を帳消しにすることはできない。日銀にとって発行貨幣は負債であり、債券やその他の購入物は資産だ。バランスシートは常に完璧にバランスを取っている必要がある。つまり通貨に交換するのに十分な資産を持っている必要

がある。もしそれがなければ必要な時に貨幣供給量を引き締める能力を失ってしまう。言い換えれば、金融政策のコントロールを失うということだ。

　インフレのリスクを最小化するため、日銀は不胎化介入を実施するだろう。しかし、これには問題がある。日銀が顧客（銀行）に現金を渡すことで、日銀は貨幣供給量を増やす事なく国債を購入できる。しかし、これは自己破滅的な行為だ。なぜなら銀行は現金（恐らく不足しているだろうが）を供給するため、国債を売却するなどして資産を現金化しなければならないからだ。

　日銀の歩んで来た歴史を見ると、日銀は、将来的に政府が全ての借金を返済できる程、十分強い立場にあると確信できる場合を除き、民間の銀行を救うために価値のない債券を引き取るというリスクは冒さない。日銀、銀行、政府が非常に密接に結びついているという事実を考えると、継続して信用を確保するため、全ての経営不振の銀行に無利子で融資するという選択肢しかない。また、日銀は、オペレーションツイストを開始するかもしれない。短期・中期債を長期債に切り替え、政府の短期債を新規に購入し、破綻させないようにする。しかし、これは明らかに債券の貨幣化であり、物議をかもすかもしれない。

　だが、これらの措置のいずれも効果はそう長くは続かない。銀行は保有債券の損失の可能性、もしくは実際に損失により、かなりの規模で弱体化してしまう。日銀はなんらかのごまかしを作りあげ、その場を合理的にうまく切り抜けようとし、政府は生命維持をしなければならない。このシナリオで事が進めば、「チームジャパン」は崩壊するだろう。ビジネスが減速し、消費が干上がり、輸入業者や輸出業者は痛手をこうむるだろう。

　日本は福祉社会であるため、おそらく医療施設や年金の支

払いは継続される。また日本人が街頭で抗議デモをすることや、燃え上がるお店や、割られたショーウィンドウを見ることはないだろう。日本人は彼らのリーダーが何をすべきかを導き出すまで辛抱強く待つだろう。問題は、肝心のリーダーが政策のオプションを使い果たしているということだ。銀行は自分の保身に走るが、実はそれが裏目に出る。この場合の囚人のジレンマは、個人の利益よりも先に、全ての関係する機関が全体の幸福を考慮することが効果的なのだ。

日本は世界三位の経済大国である。また相当な消費国であり、アジア圏のその他の国々や、アメリカ、EUからの商品を大量に輸入している。また日本は世界最大の輸出国の一つでもある。この大惨事によって世界経済が大きなダメージを受けるだろう。その時、世界経済は日本を手助けするために何ができるだろうか。

アメリカは独自の問題を抱えているということは周知の事実だが、2008年以来、米国FRBはバランスシートを拡大したことで、潜在的にそのポジションは弱くなっている。そのため、EUを支援するためのIMF救済資金の提供には関与していない。ユーロ圏は依然として圏内のバトルに挑み続けるかもしれない。政策が立て直されたとしても、疲労がたまった挙げ句、最初に対外債務危機へ首を突っ込むことになるかもしれない。

日本は、中国が最後の砦として貸し手となることに、ためらいを感じるだろう。しかし、例え中国が貸し手という立場になったとしても、中国側は日本国債への投資、または銀行システムの安定化を支援しようとするかは疑わしい。

日本は自国通貨を制御している。同様に、日銀は市場を落ち着かせるために、無期限でバランスシートを拡大して長期の信用収縮を防ぐことができる。しかし、日本が自分自身を救うため自力で行動すると、日本円が世界にとって厄介な代物になる。円はドルとは異なり、簡単に外国為替として使用する

ことができない。円は安全な避難通貨だが、日本の崩壊に対するヘッジではない。つまり、他の地域での金融災害に対するヘッジとして保有されるため、円の下落は急速で致命的となる。エネルギーを他国に依存せざるを得ない日本にとって、この状況はとてつもなく大きなダメージをこうむる。日本は外貨準備を売却することで、円の下落を安定させようとするが、それだけでは市場に与える影響にも限度がある。全ての物価が急騰し、貯蓄が一掃され、生活水準が低下するだけで、自国通貨を安定させることができない。国際社会に目を向け、世界の中央銀行に組織的な援助を求めることになるかもしれない。

　同様なことが、3月11日の東日本大震災の後、円を弱める必要があった時に行われた。米国FRBは喜んで助けてくれたが、それと同様に手を差し伸べてくれるかもしれない。しかし、この時の手助けは円の切り下げではなく、円のサポートだった。今回の場合は、米国FRBは日本を助けることで、自らの身を危険にさらすことになる。円を購入し、他の通貨を売却し、もし日本が立て直すことができなかったら、彼らは負担をこうむるのみだ。それゆえ、円が下落しないことを確実にするため、条件として貨幣化の停止と緊縮財政の再構築と強化が必須となる。

　緊縮の強化が部分的に外部から課されているという事実は、日本にとって簡単に受け入れられることではないだろう。日本は昔ながらの措置に執着する。また、一般的な保守派の人々は財政の安定を回復するための必要な措置や、削減すべきことなどのリストをスラスラと述べることができる。賃金の削減、退職年齢の引き上げ、福祉手当のカット、非効率な公務員の解雇など。しかし、これら財政に対する安定剤を日本人に簡単に服用させることはできない。日本は社会主義国とも言える福祉国家だ。本書でも説明してきたように、粉飾を行って

従業員を保持している企業に対して、政府が補助金を提供し、いつでもほぼ完全雇用を維持している。失業手当で生活する人も存在するが、その多くが食料配給券のために長蛇の列を作る事は、この国が文化的に受け入れられないようにみえる。日本古代の集産文化、また外観、秩序や儀式を非常に重んじるという文化にそぐわないのだ。「怠惰」や「非効率」を受け入れること、また「給付金」を削減することは、日本にとって非常に困難だろう。

　日本の首相は、年単位ではなく月単位で変わる。そのため何度も政策に行き詰まりが起こり、政治的日和見主義者は、権力基盤を固めるのに時間を費やすことになる。そして問題解決は、長期間引き延ばされ、混乱を起こす。最終的に出てきた解決策は重度の痛みを共有することしかない。つまり、国全体がかなりの賃金削減に泣き、更に高い税金を支払うことになる。平均的な日本人の可処分所得は大幅に減少し、生活水準も同様に低下する。賃金カットや円安により、高級品は店内から消え、海外で休暇を取ることが難しくなる。旅行代理店は閉鎖され、レストランや店が消えると労働者はより大きなフランチャイズに雇われ、安い賃金で紙ナプキンを折ったり、駐車場の警備をしたりするかもしれない。この状況が国民の精神に与える打撃はとてつもなく大きい。日本人は緊縮財政による痛みから外国を責めるだろう。外国は我々日本人のやり方を理解していなかった。外国は日本の通貨を何十年も過大評価し続け、我々を殺した、と。東日本大震災という自然災害さえも日本は外国を責め立てるかもしれない。

　近年、緊縮財政が実施された後に経済の急成長がみられるエストニアの例があるが、しかしこのケースは、日本には当てはまらない。エストニアの厳しい状況はまだ記憶に新しいが、エストニアは若い人が多く、喜んで痛みを受け入れる姿勢がある。一方で日本は何十年も気楽で、高齢者を優遇する国で

ある。賃金の削減と支出の減少により国内消費は大幅に縮小されたとしても、高齢化現象は簡単には消滅しない。高齢者は、少ない年金と貯蓄で生活をすることになり、子孫に直接依存する羽目になる。これは若い世代にプレッシャーを蓄積させ、彼らの将来をますます暗くする。実家から離れられない世代は、ずっとその状態を維持するだろう。

　出生率は減少し続けるか、良ければ現在のレベル（既に世界で最低レベルだが）を保つだろう。国際的な援助にもかかわらず、財政危機の間は円がかなり弱まる。おそらく最終的に日本政府は、対ドル、ユーロ、元で500、600、1000となるよう円をペッグする。ただし、このペッグを防御するための十分な外貨準備高がある場合は、である。この円安は輸出を助けるが、それは同時にエネルギーのコストと輸入コストが高くなることを意味する。結果的に日本は生き残るが、全く違う国へと変貌するだろう。その一例として、教育を受けた若者たちが外国へと流れ出て行くだろう。

核の恐怖とインフレの進行

　東日本大震災と津波による原発事故は、日本北部の地域、そして日本人の精神に多大なダメージをもたらした。国民は、被害の影響を受けた人への負担を最小限にするため、直接的にも間接的にも復興活動をしてきた。しかし、日本人の意識の面でひとつ重要なことが変わった。それは日本人がもはや原子力発電を信用しないということだ。これはもちろん理解できる。福島で起こったことを目の当たりにした後に、誰が自分の家の裏庭に古い原子力発電所を設置したいと思うだろうか。しかし、この「インフレの進行」シナリオでは、この意識の変化が、実は危険であることを説明する。

　震災前は、日本の電力の30％以上は原子力発電に依存していた。近い将来は、更に10％拡大するという具体的な計画もあった。しかし、本書を執筆する時点で、災害後の安全性に対する懸念から、国の原子力発電所の全てが停止している状態だ。電力不足はどのように補われているのか。それは、石炭と天然ガスを用いた火力発電である。最大の問題は、現在の日本が、ほぼ全ての熱エネルギーを外部に依存しており、円を外国の通貨に変換して送金し、これら資源を輸入している点だ。円の大規模な流出は、日本の貿易収支に影響を与え、貿易赤字を引き起こしている。貿易赤字がしばらく継続する場合、政府の資金源は大きく失われる。これは、政府の債務に注ぎ込まれるためにリサイクルされた円だ。新しく円が増刷されるか、貿易黒字の結果として日本にお金が流入する場合のみ、この政府資金の流れが機能する。

　「インフレの進行」シナリオとして、政府は貿易赤字の穴を埋めるために原子力発電所を元通り稼働させようとしたが、これに失敗した。これにより、政府が債券を継続的に発行することに問題をきたし、外国の投資家、つまり「市場」が、長期的な避難通貨である円に対し懸念を抱き始めた。外貨建商品の支払いのための円の継続的な売りが、円の需要を減らし、他の通貨に対する円の相対的価値を下げたのだ。多くの解説者や、榊原氏、モリス氏のような投資家たちはこのような状況を鼓舞するかもしれない。しかし、両氏は論理的な結論として円安の影響を考慮していない恐れがある。

　本書で述べているように、経済はトレードオフであり、アップダウンがあり、また全ての作用に対し反作用がある。魔法の特効薬など存在しない。弱体化する通貨のデメリットは、輸入のコストが更に高くなることだ。食品の60％を輸入し、今やエネルギーのほとんどを輸入に依存するこの国にとって、この影響は壊滅的であり、ほぼ確実にインフレを促進させる。

私たちは反インフレ派というわけではない。しかし、日本には別の社会的な壁が存在する。

　もし「経済」がインフレと連動して成長しておらず、また企業が、利益確保に苦労しているのなら、労働者の昇給は非常に難しい。現在、日本の35歳未満の世代は、インフレやその影響について全く実感がない。彼らは安定した物価と賃金のみを経験しており、昇給をあまり意識せず、それを求めることもない。社会の小区分に位置する彼らにとって、古い豊かな世代である上司に昇給などを要求することなど無いに等しいだろう。

　日本が直面しているような構造的な問題を解決しようと、数値をはじきだしては分析を行っている経済学者は、これらの問題をハイライトしている。インフレの進行と、昇給に消極的な企業のコンビネーションによって、賃金は停滞し、生活水準は実質ベースで減少し始めると言う。

　以下の3つの要素の相互作用は、インフレの進行を助長していく。

　a.消費税の増加
　b.資金供給の更なる拡大
　c.債券危機

　消費税率が5％から10％に増加する効果について、専門家の中で多くの議論が起こっている。重要な政府活動に資金を供給する手段としての増税は、経済システムにゆがみをもたらすという問題点がある。消費増税は自発的な流通量を低減させ、政府の税収を全体的に減らすことになるため、増税の効果を判断することは非常に難しい。増税の第一段階が実施される前に、高級品の購入ラッシュが起こることが予想される。人々がお金を商品に変えることで、円への需要が落ち込む。

市場での円の増加は、既に高価格となった電力、燃料、食料と組み合わさり、一瞬だけインフレを引き起こす。そして重要なのは、日銀の行動だ。前述したように、政府は、友好的で扱いやすい人員のみを日銀の政策委員会に配置しようとする。これが継続されると、日銀は貨幣供給を拡大してバランスシートに加えていく。そうなると、日本の政府債務だけでなく諸外国の債務までも購入することになるかもしれない。しかし、政府は円安を望んでいるだけでなく、積極的にその価値を低下させるという信号を市場に送り出すだろう。そして私たちが予測したように、インフレを進行させる3つの要素は互いを補強し合い、円が弱くなればインフレが始まり、一次市場、二次市場において債券の利回りに影響を及ぼすだろう。

国債の現物市場は、アメリカと比較し不透明であり、流動性を阻害する多くの点がある。その結果、国債の先物市場が発達し、アメリカ政府、または欧州政府の現物市場よりも、価格形成においてはるかに影響力を持つことになる。国債先物の短期債は、取引がはるかに簡単で費用対効果が高い。よって、外国の投資家は、直接国債を保持することなく、国債価格に影響を与えることが可能だ。そして債券利回りが上昇すると、日本政府は利息を返還するためだけに多くのお金を費やすことになる。

この段階で日銀は米国FRBにしたがい、オペレーションツイストを開始するだろう。2〜3年の短期債を10年満期債へと変換する。これは、政府関係債務の貨幣化だ。投資家が円安を気にする場合、この種の行動は情勢を変え、急落する円に価値を与える。繰り返しになるが、輸入品のコストは急騰するが、前述した円安の循環は、強さを増していく。結果的に「身勝手な銀行家」で述べたようなメカニズムの中で債券危機の引き金となる。

もしインフレが進行すると、過去の経験値から、1ドル

500円前後までの円安が予測される。第1段階で0.5％から1％、それから2％へゆっくりと動き、債券危機が勃発すると、1ドル150円まで円安となる。それゆえ輸入コストが高くなりインフレ率は年率10％前後にまで上昇するだろう。日本人が、現金よりも有形資産の保有を選択すると、ピーク時には年間のインフレ率が30％にもなりかねない。これはハイパーインフレとは言わないが、脆弱な経済と日本人にとっては大きな打撃となる。

　政府がインフレと円を安定化させるためにできることの一つは、更なる円の切り下げだ。更に30％の切り下げで対ドル650円とし、米ドルにペッグする。日本は、米ドル準備金を保持する必要があり（もしこれがこの時点より前に、円を安定化させるために使用されていない場合）、米ドルを売って円を買うことによりペッグを守ることができる。また自国通貨を安定させるために国際援助に頼らざるを得ないだろう。銀行システムの混乱と世論の反対が起こることは間違いないが、大規模な国債ポジションから損失を相殺することで、積立金を保証し、銀行の取り付け騒ぎを防ぐことが必要だ。そのためには、米国FRBと欧州中央銀行による国際流動性に頼る必要がある。

　この危機をきっかけに、インフレ率とマネーサプライが安定し、それによって日本経済が安定するはずだ。

チームジャパンの絆

　本書で示してきたように現在の日本は非常に不安定な状況にある。日本は弱い国ではないが、その経済は危うい。一連の打撃が結果的に債券危機を導き、最も可能性の高いシナリオでは、正確に言うと見せ掛けだけの危機、または小規模の

危機が発生し、近い将来を揺り動かすだろう。

本書を執筆している時点では、消費税を上げるという物議を醸す法案が可決されて何週間か経ったばかりだ。これから先2年の歳月をかけて税率は5％から10％に引き上げられる予定だ。増税前に、人々は大量に商品を購入するはずなので、政府関係機関の税収額が増えると私たちは推測している。これは一時的に経済を刺激し、「成長」と軽度のインフレを起こす可能性がある。しかし、増税が実行される場合、消費者は節約のため支出を削減する。過去に政府が消費税を上げた後に不況が起こったが、同様のケースが今回も起こらないとは限らない。

日本はかなりの消費者文化であるが、ほとんどの日本人は生まれつき、お金の勘定にうるさいペニーカウンターである。簡単には値上げを受け入れない。したがい、政府は以前より少ない額の税金を徴収することとなり、赤字状態を継続し、更なる債務に浸かってしまう。

世界が経済不安定の時期は、日本円は安全な避難通貨として認識されてきた。一部の政治家や経済学者は円安が日本を助けるだろうと信じているが、私たちはそうは思わない。輸出については大きな利益を得られるだろうが、同時に輸入における損失は大きくなる。更に深刻なのは、インフレが日本の消費者の購買力を奪ってしまい、更なる経済の破壊を招くことである。

日本をデフレ国家からインフレ国家にひっくり返す他の要因は、原油価格の上昇だ。つい2008年の夏に原油価格が1バレルあたり150ドルに向かっていた時、日本はインフレを経験した。その後、金融危機が発生し、原油価格が急落し、ドルに対し円が強くなった。日本の銀行が、いわゆる「リーマン・ショック」の被害にあった時、円高と燃料価格の低下により日本は恩恵を受けた。世界的な金融条件が比較的悪いま

まで、石油の供給に問題がない場合は、円は避難通貨としての地位を確保するかもしれないし、深刻なインフレは発生しないかもしれない。しかし、世界経済が改善され、リスク取引が戻ってくると、円の信用と価値が失われ、石油価格の上昇を引き起こし、円安と相まってインフレを早める可能性がある。世界の石油供給における深刻な混乱は、同様にしてインフレにつながる価格高騰を引き起こすかもしれない。

更に日銀は、独自の方法において正常に1％のインフレ率を達成しようとするかもしれない。これらのいずれの状態でも、また、例え軽度のインフレでも、もはや国債は2％以下の利回りで特に魅力的な商品ではなくなる。インフレの条件下で、国債の買い手はより高い利回りを求めるか、それが叶わなければ他の選択肢を模索するだろう。現在のデフレ環境でも、この状況が発生したことがある。日本の年金基金は、世界でも最大の規模であり、1.3兆ドルの資産（主に国債）を保持している。しかし、それらを売却し、新興市場の株式への移動を開始した。これまでのところ、その額は1,000億ドルであるが、この戦略が機能すれば、国外にもっと多額の投資を検討すると発表した。戦略が効果を発揮した場合、他の大型の債券購入者は年金基金に導かれ、国債の売却を開始するだろう。軽度のインフレがその効力を発揮する場合、他に選択肢はないかもしれない。

現時点で大量に国債を保有しているのは、民間銀行、簡保（生命保険）、ゆうちょ銀行のような準民間基金である。日本では民間銀行が非常に強力で、以前、報道されたオリンパスのスキャンダルでこのことが証明された。全ての大企業は、資金調達の面で銀行に依存している。そして日本では、銀行が融資と引き換えに企業の株式を購入する。銀行は、企業の委員会、取締役会の中に身内のメンバーを入れ、恐ろしいまでに、全ての日本の大企業の意思決定や行動をコントロールする。

オリンパス事件のケースでは、内部告発をした外国人CEOは、その後も職場復帰し、経営を続けたいと考えていた。彼は従業員と一部の委員会に人気があったが、主要取引銀行は彼を好まず、彼に会うことさえ拒否したと言われている。銀行はクローゼットの中に蓄積してきた秘密を、外国人が嗅ぎ回って暴露することを避けたかったにちがいない。この事件は、銀行が日本企業に対して絶対的な権力を持つ、法律のようなものであることを世間に知らしめた。

危機の話に戻ろう。投資家が国債の高利回りを求めた場合、利回りは緩やかに上昇するだろう。財務省は、既に国家予算に1%の利回り上昇を計算に入れているので、しばらくの間、政府はこの状態を維持できる。しかし、債券の利回りは数カ月、あるいは数週間のうちに数パーセント程上昇することもあり、警告灯が点滅するとバイヤーは神経質になる。銀行は対処法について2つの点を主張している。まず、日本を助けるために「銀行としての」義務を果たしていること。そして、出口戦略を持っていることである。もちろん出口戦略の話になると、大惨事を引き起こすことなく100兆円のポジションを逃れる方法がないため、銀行はウソをつくか突然妄想に取り付かれたふりをするかもしれない。しかし、利回りが上昇し始めれば、それぞれの銀行が焦り出し、ありったけの中途半端な出口戦略を実践しようとするだろう。短期債の利回りは、大幅に上昇し続け、政府は前月に借りたお金を返すため、更なるお金を借りることになるという、「債務の罠」にはまってしまう。

ここまでくると一般の人々は、至福の眠りから目覚めることになる。日本では、毎晩テレビのトークショーで大きなパネルにグラフを表示し、シールをめくりながら今現在何が起こっているのかが説明されるだろう。書店はこの現象に関する本で埋め尽くされる。日本とギリシャの比較が行われ、賃

金の削減や失業率の拡大の話題が、一般市民を不安にさせる。もはや、利回りの上昇に終止符を打てるのは銀行しかなくなるだろう。

　そしてその時、全ての日本人にとって、最大の恐怖が襲ってくる。日本が外国に乗っ取られるのだ。そのプロセスはこうだ。もし銀行が政府を救助せず、政府の債券を買い続け、国債利回りを低くする場合、日本政府は、外国の貸し手にまわされ、緊急援助計画が検討される。ただし、条件があり、外国が日本にどこの部分で予算削減をするのかを指示し、日本に対し緊縮財政を課し、日本を動かす方法をレクチャーする。これは日本人にとって受け入れがたいことだろうが、一度状況を理解すると、広範囲で支持されるだろう。特にお金の大部分を握っている高齢者は、老後の蓄えを失うくらいなら、外国人に指図されたほうがよいと感じ始めるだろう。

　銀行はお金を貸し出し、自らを犠牲にして国を救おうとするという、現代のカミカゼ特攻隊である。「カミカゼ金融」。将来、ジャーナリストの間でそう呼ばれるようになるかもしれない。「自殺的貸出し」とも表現できるだろう。銀行は自身をヒーローに仕立て上げ、企業は利益を国債に注ぎ続ける以外、選択の余地はない。

　政府は日銀から無限の資金を確保しようとするが、規律正しい委員会の取締役や、日銀総裁である白川方明氏(*)のような人物は、銀行の債務の貨幣化を許可しないだろう。しかし、日銀は最後の貸し手としての立場を確立する。また、もし銀行が深刻な問題に直面した場合、日銀は銀行に流動性の提供を保証しなければならない。銀行家は債券市場に戻り、利回りが下がり始める。

　世界は、恐怖と称賛の入り交じった目でこの状況を眺め、「日本だからこそ、これが可能だったに違いない。」と感じるだろう。その通りである。これが日本のみで起こる可能性

は多いにある。チームジャパンは勝利をおさめるが、外国は日本経済の本当の姿を探ろうとする。最初は「このような状況を誰が予想できただろうか。」と言い、「言った通りだろう。事実を見ていればわかりきった事だったのだ。」などというコメントがでるかもしれない。

円はかつてのような避難通貨ではなくなり、迅速に価値を失い始める。その代わりに今度は、米国債やドルが避難通貨となるだろう。米国政府はこの素晴らしいパーティーを継続させることができるが、日本の倹約型の消費者にとっては、更なる圧力となる。日本政府は課税収入が減ることで、より多くの借金をすることになる。そしてすぐにその債務はGDPの300%以上を占めることが予測される。では、この状況はどのくらい続くのだろうか。全ての資金調達が国内で行われ、お金が戻らないことを認識しながらも貸し手が最後の一銭まで喜んで貸し出しする場合、政府は予算の100%が借り入れ返済用として確保できるまで、借り続ける。これは、実に馬鹿げた話だ。なぜなら、この段階にくるまで、政府は何に対してもお金を払っていないからだ。まだこの時点から予算を拡大し、更に多くの債券を発行することができる。しかし、返済すべき一年分のお金は、国内市場全体で利用可能なお金（日銀が新しく印刷する貨幣を除く）よりも多い。日銀が貨幣の増刷により、日本をハイパーインフレに向かわせない場合、この時点でゲームオーバーだ。

当然、現実はそのような状況は起こらない。政府が予算の25%を債務返済に費やしている現在と、この状況が起こる将来との間の時期に、債務のデフォルトを行うことがより経済的である。一旦小規模な危機が発生し、日本の財政状態が国民の日常生活に支障をきたすと、議論が定期的に勃発する。バブルが崩壊した1991年に、日本政府は米国政府が2008年に銀行を救済したのと同じ政策を行なっていた。今回の日本

の状況の場合、銀行が政府を救済する力を持つだろう。しかし、もし政府が今と同じように出費を続けると、次に危機が来た時に銀行は救済することができず、外国を頼ることになる。

　危機後の余韻は1年から3年程でおさまるだろう。小規模の危機の後、政府は緊縮政策の実施を開始する。しかし、それには大きな抵抗が予想される。日本は政府に大きく依存している国であるため、円が弱くなりインフレが続くと、年金が減少し、公務員の賃金が削減される。政府の予算の50％が債務返済に当てられていることが国民に知られてしまうと、国民は何らかの改革を求めてくるだろう。債務のほとんど国内のものである限り、深刻な国際的危機を発生させずにデフォルトすることができるのだ。

　これは間違いなく最良の選択肢である。政府はこれ以上債券の返済をしないことを宣言し、公式にこれは「リストラ」であると公言するのだ。そして給料は、物価の上昇に反して減少していき、大きな貯蓄のプールは消滅する。一般的な生活水準は、数年の間に大幅に悪化するが、歴史的観点からみると政府がデフォルトを宣言した時点が最低ラインなので、その後ある程度の回復はあるかもしれない。いや、回復は必須だ。政府は債券保有者との交渉を始め、日銀を除く全ての債券保有者は、債務が帳消しとなり、ヘアカットを強いられる。日銀やその他の貸し手は、短期債を長期債に変換し、恐らく政府はインフラや資産を渡している債権者との取引がうまくいくよう計らうことになる。

　(*)本書が執筆された当時の2012年10月現在、日銀総裁は白川方明氏。現日銀総裁は黒田東彦氏。

◆　◆　◆

第13章　世界に及ぼす影響

　世界経済の将来を予測することが本書の主な目的ではない。しかし、日本の危機に影響される世界経済の状況を述べないことには、本書は完成しないと感じている。そこで、私たちは最も可能性の高いシナリオであろう、「チームジャパンの絆」に基づいて、世界がどのように反応していくかを見ていく。

危機の前

　ユーロ圏の危機は、PIIGS諸国が絶えずデフォルトと崩壊の危機に瀕しており、依然として危険な状態である。欧州中央銀行は、経済を安定させるためにお金を増刷すること、ドイツ

はユーロ債の発行に合意した。この計画は、悲観論や疑問に
あふれているのにもかかわらず、南欧諸国での深刻な財政緊縮
策と相まって、ユーロ圏とその共通通貨が実際に生き残ると主
張し、投資家を納得させた。

　当然、緊縮財政はPIIGS諸国に壊滅的な影響をもたらした
が、同時に貧困層の人口を減少させた。一部の人々は、これ
がそもそもユーロ計画の背景にある狙いだったのではないか
と皮肉ってさえいる。ユーロ圏は北部の裕福な地域と南部の貧
しい地域から成っており、現在ではその二つの間に競争力が
出て来た。ヨーロッパの財政については、どの国よりも先に政
策を打ち出した。しかし、欧州中央銀行はかなりのレベルに
までバランスシートを拡大しており、有害で深刻なインフレ
への懸念が高まっている。法定通貨を信じない人たちは、どの
主要通貨が最初に敗北するのかを見守っているが、少なくと
も現時点のヨーロッパは穏やかだ。

　海を越え、自由の国、アメリカでは米国FRBが、銀行が生
産的事業にお金を貸す事を望みながら、一日に一億ドル以上
のお金を印刷し続けている。その結果、米国FRBは、富裕層
を豊かにしながら、資産クラスにバブルを引き起こし続けてい
る。高インフレは、一般人の限られた富を奪ってしまう。お
金を借りることさえできないという、クレジット市場から締
め出された低所得層は、かつて所有していた家を売却し、借
りることになる。つまり裕福な投資家が、米国FRBからもら
ったお金で安価に購入した家を借りるということだ。

　しかし、状況の全てが悪いという訳ではない。天然ガスや
その後の液化天然ガス（LNG）施設開発のブームは、アメリ
カをエネルギーの純輸出国にし、貿易赤字の低減に貢献した。
日本は以前、原油連動価格で天然ガスを買っていたので、この
状況に対して動揺を隠せない。しかし、アメリカのガス価格と
連動する価格協定にシフトを始めているアメリカ企業は、今

やこの方法により競合他社より天然ガスを自然価格で安く販売している。アメリカ政府は、底なしの借金の穴に国を巻き込み、異常なペースでお金を消費し続けている。多くの人が、債券の利回りは上昇し始め、名の知れたアメリカ債券市場の多くが崩壊する羽目になると感じている。しかし、今のところ、まだ深刻な出来事は起きていない。

　現在、アメリカの株式市場は大規模に購入が進んでおり、中国はいささか焦っている。低金利の融資が米国 FRB から海を渡って中国へ流れ始め、同時に行き詰まった経済を刺激するため、中国は貨幣の増刷を促し、結果的にインフレを加速させている。日本とアメリカの企業は、中国に拠点のある域外運用の一部をベトナム、マレーシア、ミャンマー、インドなどに移管し始め、メキシコにも工場を建設している。これは、中国で増加していく労働コストなどさまざまな懸念を考慮しなければならない。それは、世界経済の成長が減速した時に、前述の状況が中国にダメージを与えるからである。このダメージが、経済成長の低下と組み合わさり、中国国民の不安を煽り、工場に火を放つ国民の姿が、世界中で放映されることになるだろう。

危機の最中

　危機が訪れると、少リスク取引が始まり、お金が海を越えアメリカの債券市場に流れる。その結果、利回りが下がることでアメリカの金融システムの崩壊を防止する。アメリカはその小さな欲求が満たされるまで、借りたいだけ借り続けさせる。一方、IMF、EU、アメリカ、中国との国際的な危機に関する会議に招集がかかり、中国は、日本が世界経済を不安定にさせたといって、日本を責め立て、緊急に抜本的な改革を行

う必要があると主張するだろう。また、争点となっている島々の所有権を渡せと要求してくるだろう。中国では、最大の敵に正義の天罰が下ったことを派手に祝う風景がテレビで報道されるかもしれない。しかし残念ながら、実はこの危機は中国にとっても、日本の貿易相手国にとっても頭を悩ませるものとなる。

　日本の主な輸出物は、自動車、半導体、鉄鋼製品、自動車部品、プラスチック材料や発電機器だ。輸入物には、石油、液化天然ガス、衣類や石炭がある。日本は中国にとって大きな輸入相手国であり、３番目に大きな輸出相手国だ。アメリカにとっては４番目の輸出入相手国になる。また韓国、香港、タイ、サウジアラビアに対しても主たる貿易相手国であり、危機が進むにつれ、日本の貿易相手国の全てが影響を受ける。

　日本は国際援助の停止を強いられるか、少なくともその金額を大幅に削減せざるを得なくなる。JICAなどが主催するプロジェクトでは、資金が底を尽き、外国の債務者に対し日本に債務を返済するよう圧力をかけるだろう。日本には多数の発展途上国の国際的債務者がおり、貧しい太平洋諸島は、日本からのお金に大きく依存している。その引き換えに捕鯨問題への有利な票を日本へ提供している。しかし、日本がもはや「援助」できる立場ではないため、この様な繊細な問題に対する日本の味方は、今より更に少なくなるだろう。日本の南に位置する友人たちは反捕鯨の反撃さえしかけてくるかもしれない。

　要するに、世界中の経済が打撃を受けることになり、市場はますます不安定になる。その結果、アメリカ、EU、中国、そして日本を含む世界の中央銀行は、世界経済を安定させるため、大好きな貨幣の増刷を行う。一部のエコノミストはインフレを恐れ、他方はデフレを恐れる。いずれの場合も世界のマネーサプライは、人間の理解を超えるレベルに到達する。

金（きん）やいくつかの商品は、全ての主要通貨に対して上昇の取引を続け、反発することになる。トレーダーが貨幣の印刷による利益と世界経済の減速のコストを相殺しようとするため、石油の価格変動が激しくなる。輸出は打撃を受けるだろうが、債券ラリーが起こす借入費用の減少から恩恵を受け、アメリカ政府は援助に対し消極的になる。決して日本が何かを要求した訳ではない。日本は IMF から融資を全く受けておらず、むしろ日本の銀行の方が援助する側なのだ。しかし、国債を買い取るには、外国の資産を清算する必要がある。これは国際的な金融部門に打撃を与えることになるだろう。

　「小さな危機」が発生した時から、日本政府が最終的にデフォルトするまで、パニックの波は、国際市場全体に押し寄せるだろう。厄介なプロセスではあるが、EU の危機程ひどくはならない。なぜなら私たちが示してきたように、日本はあくまでも内部で危機に対処するからだ。地域経済は劇的に縮小し、それゆえ、世界に影響を及ぼす可能性がある。これはまた、日本で働く外国人にもかなりのダメージを与える。日本人の虐待的な「外国人リサイクル」の支配下に置かれ、自分の立場のもろさを認識するだろう。フィリピンや他のアジア諸国の労働者が一時帰国しようとする際は片道切符を握らされる。もう日本に戻ってくることはできないのだ。

危機の後

　日本政府が債務をデフォルトする頃、世界経済と国際市場は憔悴しきっているはずだ。我々は、ユーロ圏と日本の危機を両方経験することとなる。両国の経済は恒久的に縮小し、一般市民の生活水準は低下する。この嵐を静めるため、世界の中央銀行はバランスシートを爆発的に拡大しながら、各国

で莫大な量のお金を印刷するだろう。世界は日本の危機を傍
観しながら、こんな風に考える。日本の大規模な貯蓄と統制
のとれた集団精神によってのみ収容可能な危機だったのだろう、
と。

　一方、アメリカでは何が起こるだろうか。この時点で、債
務が20兆ドルを優に超え、支出抑制の兆しが見えないかもし
れない。アメリカには、日本のような公的な貯蓄がなく、カ
ミカゼ経済を起こさせる文化的要素もない。ショーの第 1 幕
はユーロ圏、第 2 幕は日本だ。中国はその BGM を提供する。
そして最終章、全ての目がアメリカの国債市場に向けられるだ
ろう。

第14章　日本が目指す未来

　日本の問題に対する奇跡的な解決策などは存在しない。現実は、どんな物事に対しても完璧な解決策などありはしない。妥協するしかない。日本は、直ちに大きな決意をもって行動する必要があると強く感じている。国全体が生まれ変わり、新しいアイデアを持ち寄って結集することが、今後の計画を成功へ導いていけるのではないか。計画を実行していく過程では、特定の集団が損害をこうむることは避けられない。しかし、例え何らかの犠牲を払うことになったとしても、国全体が強い信念を持って使命に立ち向かえば、目指す方向へ進んでいけるはずだ。日本は、劇的な改革と力強い復活の可能性を秘めた国である。多くの悲観的な現実に直面しているにもかかわらず、戦うための武器をまだたくさん持っている。

　では、日本はどのようにして独自の強みを活かし、悩める問題を解決し、明るい未来への道筋を築いていけば良いだろうか。私たちは、この最終章でそれを提案する。

JIC の設立

　日本政府が巨額の借金を抱え込んだ後は、デフォルトし、ゼロからの再出発が望ましい。避けられない事態が発生し、デフォルトすることなく、危機を最小限に抑えようとすると、かなりの打撃をくらうことになる。銀行は倒産し、貯蓄は消え、年金受給者は大損をこうむり、円の価値が急落する。

　長い目で見ると（今後 10 年以内に起こる可能性もあるが）将来、法定通貨が使われなくなるかもしれない。積極的に他国の通貨に対し自国通貨を切り下げようとする通貨戦争は、最終的に国を自滅に追いやる。今日の通貨制度の崩壊が明るみになるにつれ、「通貨価値の底辺競争」よりも、「通貨の売却競争」のような何かが発生することが予測される。

　物事が終焉を迎える時に、なんとか生存しようと激しくもがくことは、組織や制度の性質である。多くの大きな損害は、政権が衰退する数カ月で発生したりする。法定通貨が最期を迎え、中央銀行や銀行カルテルが世界への支配力を失い始めるとともに、何らかの損害が発生するのではないだろうか。法定通貨の売却という最期のあがきを見せる時、豊かな国々はできるだけ自国通貨を有形資産へ変換しようとする。そしてエネルギー、日用品、および安全な避難場所である有形資産バブルが発生し、全ての通貨による購買力が低下する。最終的に個人、組織、政府は画面上だけの数値と具体的な資金との比較で決定を下さなければならなくなり、法定通貨は価値のない交渉道具となっていく。

　この見通しには、歴史的な先例がベースとなっている。大規模な変動や推移の起こる時代に、発行した組織にその価値を約束されただけの通貨を誰が受け入れるだろうか。例えば、第二次世界大戦中に世界中の半分以上の金（きん）が、アメリカに行き着いた。なぜなら金は、唯一サービスや労働への支払いができるものだったからである。将来的にエネルギーや資源の獲得競争が激化する中で、法定通貨の交渉道具としての価値はますます弱くなる。しかし、過去に法定通貨は、国際的に資源や商品を得るために有用な道具であった。それが他の物と一緒に活用される場合は特にそうだった。強い通貨と多くの国民の貯蓄を持つ国は完全に、法定通貨を「売却」し、何かと交換する準備をしている。

　日本政府が、しばしば自国通貨の価値を積極的に下げるという政策を掲げるのは、この観点からみるとかなり滑稽だが、面白いことに積極的に円の価値を失わせることは、私たちが推奨する戦略の一つだ。しかし、私たちの目指すところは日本政府の狙いとは、いくつか異なっている。単に「円の価値を下げる」だけではない。

　チームジャパンは、正常に機能するために集団思考と建前の精神を抑制しなければならない。統一政府を樹立し、単独で行動を起こす権限を持つ必要がある。そして統一政府は、官僚から独立して機能しなければならない。この計画は、国民の利益のために実践するものであり、官僚のような害虫を支持するためのものではない。印鑑を振りかざすだけの官僚が、入り組んだ人脈の中で全ての決定をくだす場合、何の計画も実行できないまま危機だけが進行するのだ。

　統一政府が樹立されたら、彼らの最初の仕事は日本投資会社（Japan Investment Corporation、以下JIC）なる組織を設立することだ。どのような名前でも良いのだが、この名前は組織を忠実に表現しており、しかも頭文字で発音しやすい。

現時点で日本には、政府系資産ファンドが存在しない。しかし、一部の政治家は前述したような円を弱めることを目的として、政府系ファンドを設立する必要があることをほのめかしているが、その目的だと逆効果を招く。どのみち円は価値を失うので積極的に円の切り下げを行う必要がない。JICの目的は、主に資金の獲得と国内再投資である。

既に多くの国がソブリン・ウェルス・ファンド、つまり政府系ファンドを所有している。大規模で有名なのは、ノルウェー政府年金基金、そして中国投資有限責任公司（CIC）だ。両者とも大規模な資産基盤を持ち、投資に対するハイリターンを目標としている。CICは、実益を生むため、年次10〜13％のリターンが必要だ。まず、大規模な資金を運用するコストは、総投資額の約2％を占める。中国はそれ以外で多くの逆風に直面している。人民元は対ドルで年率5％と積極的に上昇しているので、返還される利益もすぐに目減りしてしまう。更に、中国の大幅なインフレ率の上昇は追い打ちである。CICは収益性を維持するために、リスクの高い金融派生商品である証券に投資せざるを得ない。

一方でJICは、このような問題に直面することはないだろう。比較的通貨は安定しており、またインフレの発生がないことで、ハイリスク・ハイリターンの投資の必要はない。JICは、リターンを目的とする機関ではない。

政府系ファンドの設立には、さまざまな背景がある。この種の機関の設立では世界初となるクウェートの政府系ファンドは、原油価格の変動や供給の中断から生じる衝撃を緩和するために設立された。単一の輸出物に大きく依存する国が、利益を取得する手段を多様化することは、理にかなっている。また、指導者は資源の豊かな国が、良い方向に向かわず、むしろ悪い結果を導くという、資源の呪いにかからないよう注意している。誤って運用された資金、浪費されたお金、環境破壊、

かさむ借金は、次の世代を更なる貧困へと追いやる。クウェートのファンドは全石油利益の10%を「将来の世代のため」に投資する義務がある。日本の場合は、資源の呪い対策をする必要はないが、この種の機関を設定しなければならない、はるかに重要な理由がある。それは、「将来の世代のために」である。

　CICの設立の背景は異なる。中国は経済成長のために原材料の輸出を当てにするということはない。原材料を輸入し、安価な製品を作り、豊かな人々に販売する。その豊かな人々のお金、いわゆる外貨は、中国の金庫に貯まる。中国は、手持ち外貨が1.5兆ドル以上にものぼっている。サウジアラビア、ノルウェーなどの国々は（中国とは比べ物にはならないが）、巨額の外貨を所有している。しかしこの外貨は、国内で投資することができないので、外国の資産を取得し、継続的な所得を保証するために使用されていることは妥当だ。しかし、CICは全ての外貨を自身のために使用したいとなると困難にぶつかる。中国の中央銀行は、できるだけ多くの外貨を持っておきたいので、CICは中央銀行の外貨準備を頼らずに、内部的に債券売却を行うことで資金を入手している。私たちは、JIC資金もCICのように国債売却によって、資金を入手し、地域団体に供給するべきと考える。

　日本もまた大量の外貨を所有しており、それらを活用してノルウェーやサウジアラビアのように政府ファンドに資金を提供することができる。しかし、これらの外貨は後々の計画で必要となるので、あまりにも早いうちに使用してはならない。本当の「通貨の売却競争」になった場合、日銀は、ただ膨大な量の新しい円を作り出し、無制限の資金調達を即時に行えるようJICに融資するべきではない。なぜなら、この不適切な行為により、急激かつ大規模な範囲で日本や日本円に対する信頼がなくなり、国際社会の注目を浴びることになるから

だ。そしてプロジェクトは弱体化し失敗に終わる。

　もともと中央銀行は政府の統治を目的として設立された。更に政府に対し正当な態度をとることで、他の金融機関と第三者が快く政府に融資し、ビジネスを行うことができるようにする。この分離された信頼性によって近代国家が機能している。私たちは、JIC が短期間で規模を急成長させることを予想している。国際社会がこの資金調達の方法を疑わしく感じる場合、誰もこのビジネスに着手したがらないと考えている。日銀も政府も JIC に資金を供給しない。JIC にとっての完全なるスポンサーは公共および企業の貯蓄である。

　JIC 債は公開市場で売却され、ファンドマネジャーや個人は投資としてそれらを購入することができる。その方法は簡単で、強い通貨と大きな国民の貯蓄を利用し、海外のエネルギー、資源、有形資産を取得するのだ。しかし、これらの債券は国債より利回りがわずかに高いかもしれず、その場合他の債券と直接競合をし始め、何らかの問題を引き起こすのは間違いない。前に述べたように、日本人は、独立行政法人や、漠然とした秘密主義組織のために不透明な資金調達の構造を作り出す達人である。この能力が新しい壮大なプロジェクトに活用されることになるが、その場合、JIC や主たる資金提供者である銀行、政府、日銀の間での協力が必要だ。

　最初の仕事として、現在 JIC と同様の目的で動いている独立行政法人石油天然ガス・金属物資源機構（JOGMEC）を組み込むことだ。そのためには、買収のため、債券を発行し、資金を獲得する必要がある。私たちが議論してきたように何千兆円という額が金融システムや国債市場を通じてリサイクルされている。この資金を徐々に JIC 債に方向転換させる必要がある。短期債は、例えば銀行や日本年金基金へ返済されるので、解放された資金は JIC 債の購入に活用され、国債に注ぎ込まれることはない。一方、日銀は、利回りを低くするため、

短期債を長期債に変換する必要がある。日銀は、最後の砦となる買い手として、短期債を購入することで、政府に率先して短期的な資金を提供しなくてはならない。このプロセスには用心深い対応が必要である。なぜなら、債券利回りが突然飛び上がった場合、もしくは投資家が、国債が債務の貨幣化を行おうとしていると察知した場合、円の信用が失われ、このプロジェクトが実行できなくなるかもしれない。急に円を弱めてはならず、政府は適切な時が来るまでデフォルトしてはならない。このプロジェクトには銀行、政府、日銀、JIC全てがチームジャパンとして密接に協力しなくてはならない。挙国一致政府はこのプロセスを導入するべきである。

前述したように、現在、債券市場を通じて何千兆円ものお金がリサイクルされている。湖から流れ出た長い川があるとしよう。湖の水が底を尽きると、流れ出た水は汲み上げられてまた湖に戻る。この循環の中で流れ出た水の一部はさまざまな目的のためにはけていく。はけていく水とは、不良資産のために無駄に浪費された資金であり、官僚とその取り巻きによって浪費された資金でもある。これらは再び円の貯蔵庫である湖に返ってくることはないだろう。新鮮な水を湖に流入する際、周囲から水を集めてくる必要がある。しかし、この水を欲する人々はこれまで以上に喉が渇いており、更に多くの水を欲している。この水のサイクルがたどり着く運命は既に明確だ。湖に流し込む新鮮な水が存在しない場合、湖は枯渇する。水を汲み出す時間が長ければ長い程、より多くの水が無駄になり、すぐに湖の水は干上がる。この状況下での私たちの計画は、まず配管を行い、この絶望的な湖から一旦離れ、水をより生産的に活用する方法、つまり生産的に国の富を貯蓄する方法を見つけることである。

それにはやはりJICが必要であり、まずは、できるだけたくさんの資源とエネルギーを獲得しようとすることだ。この

場合、日本はある程度中国の戦略に倣うと良い。中国の資源調達方法は、二つの機関との特別な関係を築くことだ。一つはメジャークラスの生産企業、そしてもう一つは競争的周辺にある企業（見通し良好の小規模シェアの企業やエネルギー、資源を開発する企業）だ。この場合、中国の調達機関は、それら企業の株式を所有し、その他の株主と同等の権利を所有する。CICの契約には企業が市場レートより5〜10％も低く生産する商品を購入できるという内容が書かれている。最も重要なのは、彼らが商品や資源を購入する権利を保証されていることだ。資源戦争の激しい今日の世界において、このような保証は非常に大切なのだ。

　JICは機能や業務の規模で、その行動を決める。民間の資産運用企業や研究者と同様に働ける有望な若者の心はもちろん、経験豊富なベテランの心さえも惹き付けるはずだ。またJICは、「現場のアナリスト」チームを結成し地球上を徹底的に調査すべきだ。エネルギーの多くは小規模シェアの企業やエネルギーや資源開発企業に集中するべきで、アナリストは、何千何万という潜在的な企業に対しデューデリジェンスを行う。対象とする企業は適切な場所に位置しているか。つまり、この土地に金、石油、ガスまたは銅は存在するのか。責任者は誰か。また、その企業の経営陣が優れた実績を有しており、有能で、正直、かつ勤勉な人たちで構成されているかなど。また、検討の対象となる地域の政策状況を真剣に考慮する。地方自治体が外国からの投資に強く反対し、資源開発企業を国有化したという前科がある場合、明確な舵取りを行う必要がある。JICは、その企業の財務状態を見て、ビジネスモデルが健全で持続可能であることを確認する必要がある。JICは更に、地域における社会的条件、環境条件を確認する。ある地域社会がその企業の存在について大きな抵抗がある場合、他を探す必要がある。ロビー団体や環境団体から大規模な反対がある場合は、

考え直すべきだ。JICの身のためにも、不評の企業のサポートはしない。今日の世界では、現状改革主義者やクリックティビズム（ネット上でクリックしただけで社会活動に加わった気になること）は、地域住民の生活や環境を崩壊させ、早々に国際社会ののけ者となる。もし企業が労働者と良好な関係を築けない場合、もしくは労働組合と管理者の間に定期的に衝突が起こる場合、国際社会から不利な注目を浴びることになり、その企業の株価に悪影響を与える。JICはこのような企業になってはならない。もしそうなれば財政的なダメージをこうむり、資金調達が妨げられ、また、組織自体だけでなく国に対する面目をつぶすことになる。

一方でアナリストが社会や環境への影響に焦点を当てることで、JICは自身のブランドを構築することができる。特に中国による乗っ取りの恐怖にさらされた世界にとって、JICの設立は大きなソフトパワーの源となり、日本の存在感を主張できる新しい手段となる。中国は、自然資源の豊かなアフリカ大陸に対する奴隷支配者であると言われている。もし日本が「社会や環境を考慮した、責任ある外国投資」をする国というブランドを築けられると、国際社会から高い評価を得られるだろう。インターネット時代や、楽観主義者が好んで呼ぶ「グローバル意識」の時代に、このようなソフトパワーの影響力は決して過小評価するべきではない。

ひとたびJICが、企業に対して、投資戦略が完璧に機能し好調な滑り出しが予想できる、という判断を下すと、その企業が軌道に乗るまで後押しをする。多くの場合、特定分野の大企業が、小型株の企業や資源開発企業が競合他社を追い抜くための資金を提供していくが、これがJICの仕事となる。JICは、その企業の株式の20％から30％を取得し、裏で企業を支えコントロールしていく。これにより、企業の経営と方向性について発言権を持ち、政策的に間違った方に向かないよ

うにする。JIC は、投資先企業との間で取引量について合意し、設定された期間と価格で資源を購入する権利を確保する。JIC がデューデリジェンスを行なった結果、資本参加しても良いと判断された企業は、資本を受け取ることができる。これら企業に対する投資は、最初に株価を希薄化させるが、将来大きな潜在的な利益が見込まれるため、より大きな投資家を誘致することができる。株価は跳ね上がり、投資家たちの注目を更に集めることになる。どのような場合でも、この先、競合他社と戦えるよう後押し、収益性につながるよう支援する必要がある。企業は商品を一定割合で JIC に販売し、残りを公開市場で販売する。JIC はその企業から配当を得て、それを再投資するか、他の企業買収のために活用するかを判断することになるだろう。

この有望なプロジェクトに費やせる資金はある。しかし、残念なことに、官僚と社会のあり方が資金の有効活用を妨げている。前述したように、日本で最大の民間銀行であるゆうちょ銀行は、低金利預金であり日本の 30％以上のお金は利益を生まず、むしろ、国債へと流れ込む。これは大きな無駄である。このお金は国から抜け出し、自然資源を確保するためと将来に備えるため活用されなければならない。

日本は通常の債券の利回りを乱すことなく、多額の復興債などを発行できた。新たに JIC 債を発行したら、短期的に多少の混乱は生じるだろう。中期的に利回りが上昇した場合は、安定のために日銀が介入しなければならない。日銀が最初で最後の貸し手として機能する。このことは、日本が債権の貨幣化、つまり貨幣を増刷することによって、政府が国債の請求書を処理していることを世界中に暴露することになる。そして円は信用を失い、円の下降傾向に対抗するため、日銀は外貨準備の一部を売却し公開市場で円を買い始めるのである。これは日本が、外貨準備を保有する重要な理由でもある。

　日本は油田、天然ガス、炭層ガス、代替エネルギーやクリーンエネルギーへ投資しながらできる限り広範囲にその影響力を広げていくべきだ。JICも鉄、銅、プラチナ、ウラン、耕地、レアアースなど、今後の成長と発展に必要な資源を取得すべきだ。外貨や債券を蓄えるよりも、むしろ他国が原油や石油などの資源を蓄えるように、日本も戦略的に資源を蓄えていくべきだ。

　こうして日本は、アキレス腱のような弱点である、しつこく強い円の立て直しを行い、それが利益となるよう活用する必要がある。円の突然の低下に対し少し先までブレーキをかけるため、大企業、もしくは競争的周辺である企業に対し、直接、現金で融資するという個別の取引をする。これらの融資が円で返済される場合、多くの人が円を買う必要があり、それにより円はどんどん強くなる。そこには将来的に自国通貨を保証させる買い手がおり、危機の状況を安定させるだろう。

　数年の歳月をかけて、JICは大きく、そして強く成長する。適切な機関へ融資し、資源企業の株式を購入し、特定の関係を築きながら世界を巡回する。

　問題は、JICが非流動的な資金を運用することだ。多くのソブリン・ウェルス・ファンドは、一定の所得を維持するために定期的に企業や銀行に投資する。一方、JICは、富の多くを資源会社の将来の収益につなげるため、収益の大部分を、株式を所有する企業の商品購入に活用する。長期的に見ると、JIC自体の収入が安定する流れであり、エネルギーや商品を日本国内の買い手に販売し始めることは大きな問題ではない。しかし、短期的には、債権者に対し利息を支払うだけの十分な流動性があることを保証するため、デリバティブ市場での投資と注意深くバランスをとる必要がある。

　現在、日本の国民年金基金の資産の大半を国債が占めており、特にこのケースに当てはまる。当然これは持続可能では

なく、政府がデフォルトになると国民年金に頼っている膨大な数の日本人は、損害をこうむる。したがい国民年金基金は国債から脱却して、JIC債を買い始める必要がある。最近の国民年金基金は、直接新興市場への多角化を行っているが、今後はJIC債を通じての多角化を実現するべきだ。実際に、年金基金は悲惨な状況にあり、政府は最近「つなぎ国債」を発行することに合意した。現在、採算の合わない一カ月分の年金が足りない部分に対して、多くの超簿外の債券の売却によって資金を確保している。そして、このつなぎ国債は近年の増税で支払われることになる。さながら沈没しゆく船の水をバケツですくい出しているようなものだ。そこには絶望という言葉しかなく、日本が真剣に新しい持続可能な計画を実践することがどれだけ重要かを示している。

　国民年金基金が国債からJIC債に移動し、ゆうちょ銀行や全ての主要な企業が後に続くと、収益が急上昇する時が来るだろう。前章で述べたように、市場に直接投資せず先物市場に投資する外国人は、債券の金利を決定付けることができる。この状況は、多少チームジャパンにダメージを与えることになる。貨幣化政策がますます明るみになると、利回りは持続不可能なレベルまでに上昇するだろう。

　これが正確にどの時点で発生するか予測することは不可能だ。しかし、これが発生するまでには、日本はエネルギーや資源の安定したルートを確保し、利益を生まない貯蓄を可能な限り現在の有形資産やエネルギーに変換し、将来の資産とエネルギーを保証しなければならない。利回りが持続不可能な水準となった時、日本は、「デフォルト」という言葉を使わずにデフォルトする必要がある。油断できない状況となるが、これはまず避けられない。しかし私たちは、それが発生しなかった時の方が、よほど大きなダメージになると予想している。

　日本政府は「リストラ」という言葉を使うべきだ。「リストラ」の過程で国債の償還を「保留」とする。この報道に対し、市場はどう反応することもできず、円の交換価値を急落させる可能性がある。日本は外貨準備を売却し続け、自国の通貨を買うことによって被害を最小限にしようとするが、結果的にドルや対外資産や政策という弾丸を使い果たしてしまう。繰り返し述べるが、どんな対策が行われようと、これは避けられない。しかし、私たちは、このことが世界の終わりを意味するわけではないと見ている。

　この時点で主な債務は２種類存在することになる。国債と新たなJIC債だ。国債は現在毒性とみなされ、人々がJIC債を所有しようとする。これによって最も打撃を受けるのは日銀である。日銀は、人々がJIC債に変換できるように自らが国債を引き取らなければならない。JIC債の保有者は、規則的に償還されることはないが、その代わりJIC債をJICの株式と差し替える。これにより将来、安定した収入が確保でき、またJICは国民にとってなんらかのつながりを感じ、関心が寄せられるような機関となる。JICの成功は国債を所有する人たち自身の成功でもある。

　JIC債の保有者は大部分が国債から抜け出そうとしたものだが、完全に脱出することは不可能であるため、結局は損害をこうむることになる。一般的に債務残高がGDPに対して60％であれば、その債務は健全で持続可能と見なされる。しかし、現在の日本の緊迫した債務状況では、その位置を目指すことには無理がある。日本は債務をGDPの90％にする目標を立て、二度と100％越えが起こらないような法律を起草すべきだ。

　政府がソブリンデフォルト（国家債務不履行）を実施する場合、標準的な手順にしたがわなければならないと推測する。まず外国の債券保有者は全額、もしくは１ドルのうち80セント、またはその同価値の円の割合の額を支払う。国内の国債

以外の債券保有者は短期債を 30 年債に変換することでヘアカットを行い、残りは無価値のものとして処理するのだ。

　もし日本が現在の道に沿って進んで行けば、この低迷は、そこまでの惨事を招かないだろう。前述のプロジェクトは、数年の歳月をかけて実行され、債券保有者に対し JIC 債に移行する時間を与える。関連する人々は、一定の損失をこうむり、多くの銀行が苦しむだろう。国民年金基金も少なくとも短期間の損失は避けられないし、年金受給者は毎月の支払いが一時的に低下することを受け止めなければならない。最も大きな打撃を受けるのは日銀だが、その損失は非常に自己完結型で、社会的に大きな影響はないだろう。日銀は移行の間、最初の貸し手で最後の砦となるため、現在は大量の国債の上にどっかりと腰をおろしている。前述したように、まず日銀はヘアカットや損失を受け入れることができない。銀行の帳簿は常にバランスを取っていなければならず、さもなければ金融政策のコントロールを失ってしまう。それゆえ、日銀は短期債の大半を 30 年債に変換する必要があり、その結果、危機が起こる前よりももろくなるが、円という通貨を発行できる唯一の機関という立場はそのまま維持される。将来的には再びバランスシートを拡大し、JIC に対し重要な存在となることだろう。しかし、日銀が健全であるかどうかは主な問題ではない。政府が借金を制御し、資源とエネルギーの流れが JIC に向かえば、日本は一国家として再び前に進むための準備ができるのだ。

　この点を見据えると、当然未知なことがたくさんある。最も予測が難しいことの一つに、円の価値がある。債券が暴落する間と、そこに至るまでの時間に、円の価値が一斉に下落し、1 ドルに対して 400 円から 500 円となる可能性がある。この状況は、プラザ合意前に 1 ドルが約 350 円で取引されていた当初のことを考えると、ある程度予測できる。しかし、

その頃の日本は若く、活気に満ちた輸出大国であった。一方で、もし世界が日本の計画との折り合いを付けようとして、この状況が国の将来の良い前兆だとみなす場合、円は再び弾みを付け、価値を上げるかもしれない。その時点で、ドルの相対的な切り下げによって、ドルは大きく信頼を失うかもしれない。私たちが全く使用されないだろうとする法定貨幣は、通貨が金本位制に戻ったり、固定相場制、または、新たな方法で価値付けされたりするかもしれない。

　確かなことは、他の主要通貨に対する現在の円の価値は、恐らく永遠になくなるだろう。これは経済のさまざまな分野にインフレを起こすが、JICの役割のおかげで、エネルギー価格は急騰しないだろうし、全体的に深刻なインフレとなる事態は避けられるだろう。年金が一時的に削減され、銀行は損失をこうむり、社会はこの苦い経験がトラウマになる。生活水準は低下するが、それは許容できる範囲内である。輸出業者は既に安定的なエネルギーの流入と円安の恩恵を受け、これら利益は社会に戻って作用する。

未来の発展

　しかし、これはほんの始まりに過ぎない。JICは設立の初期段階から、優先的な買い手を探す必要がある。もちろんJICは日本内部の公開市場へエネルギーや商品を販売し、購入権利のあるどんな企業にも販売する。しかし、経済は今明確な方向性を定めることが重要だ。今まで述べてきたように、日本は安価な労働市場を持つ国々と競争することで、負け戦をしている。まるで沖合に流されながらも引き波に逆らおうともがいているかのようだ。日本は今、方向性を変え、自身を救うために流れに沿って泳いでいくべきだ。製造業の喪失につい

ては、事実を真摯に受け止めなければならない。世界市場の影響を及ぼす新たな分野を開拓していく必要がある。

　現時点で日本のエネルギー自給率はわずか4％だが、これは改善しなくてはならない。エネルギーを他国に依存しないだけでなく、省エネ技術の分野で世界を卓越する必要がある。JICは既にエネルギーの安定収入が保証されている。静岡県から和歌山県にまたがる南海トラフの海底に眠るメタンハイドレート・ガスの大規模な活用など、積極的にエネルギーの取得方法を模索する必要がある。日本は海底から新しい方法でガスを抽出する方法を開拓するのだ。その技術は世界で模倣されるだろうし、自国の利益を生み出す事も可能だ。この天然ガスとJICを通じて獲得したという事実から、日本はクリーン天然ガス燃料電池とそれを実装する車両の究極の発明者であり、また製造者であるという地位を確立するのだ。

　電気や発電は、かつては汚れたビジネスとされていたが、天然ガス燃料電池は、電気、水、熱のみを作り出す化学反応を通じて電力の生成を可能にする。世界の環境問題や伝統的な化石燃料、特に石油の枯渇にますます悩まされるようになるにつれて、効率的なクリーンエネルギーは、世界経済の中で最も重要な分野の一つとなるだろう。政府は大規模な減税を行い、また必要ならJICはエネルギーや資源の購入権を企業に提供することで、企業がこれらの分野に投資するよう奨励しなければならない。日本は、ガスの抽出方法の強化に焦点を当て、安価でクリーンなエネルギーを供給するバッテリーの改善や、車、バス、電車、飛行機、船などあらゆるガスの輸送手段を開発すべきだ。日本は、むしろ低燃費車両を開発する新しいブランドを立ち上げるべきだ。これらのブランドは、いつか20世紀の最大手企業であるソニーやトヨタのような日本を代表とする有名なブランドになるだろう。

　また、日本は原子力発電に対する恐怖を払拭しなければな

らない。政府は当然、危険な原子力施設が存在することは許容できない。しかし、古い原子力発電所を復元して新しい発電所を再構築する企業に対し、税制上の優遇措置や、資源へのアクセスを促すべきだ。これは、エネルギーの自立を実現するのに非常に効果的である。国民を原子力エネルギーへ再び馴染ませるためには、メディアの力が鍵となるだろう。実際にメディアは、このプロジェクトのあらゆる部分での鍵になる。日本人はテレビを愛し、ニュースや討論番組は、視聴者に対し臆面のなく、国内外の出来事に対する意見を形成してしまう。危機の時にメディアが、JIC、政府、日銀が全てをきちんと統制しており、全てがうまくいくということを全国民に知らせなければならない。

　もしJICが成功する場合、実に世界の他のどのソブリン・ウェルス・ファンドよりも大きな資産基盤を持つことになることは重要である。そして、何よりも注目したいのが、日本が中国よりも大規模なソブリン・ウェルス・ファンドを所有するということだ。軽蔑する中国というライバルに、日本が負けている時代において、このように自慢できる権利を持つことは、国民精神を動機付けることだろう。メディアは、技術と製造業の開拓者として新世代のヒーローを作り出す。日本では、既にマスコミを通じて大衆の関心を集めるCEOなどが存在しており、このような人材を新しく見つけるのは難しいことではない。

　新しい大手有名ブランドが立ち上がるように、子供たちも将来、この新たな製造業の一員となるだろう。一番重要なことは、子供たちがもはや公務員のような仕事を理想化するべきではないということだ。

公務員国家の破壊

　復興は進行中だが、危機からの脱出はまだ人々の記憶に新しく、他人に罪をかぶせることが先立つかもしれない。日本が中国や他の諸外国に可能な限り多くの問題について責め立てるようになることは言うまでもない。

　しかし、日本人自身の内部の身近な敵である、「我ら日本人」メンバーがいる。印鑑を押すことが仕事の公務員集団だ。今こそ、これらの寄生虫を取り除き、靴で踏みつぶす時だ。メディアは公務員が受け取る税金の実際の使い方を暴露する番組を放送するべきだ。公務員の生活が精査され、個々の公務員を追い回すテレビ番組が流行すると良い。書類を一つの箱から他へ移す作業をし、印鑑が押された文書の裏にまた印鑑を押すという、意味のない事務処理で時間を費やす公務員たちを国民が目の当たりにするだろう。多くの国民が自分自身にこう問いかける。「私自身も同じことをしているのではないだろうか。」国民の精神はこの暴露番組によって衝撃を受ける。もはや働くふりは許されず、企業や個人は、仕事の時間は、実際に仕事をすることが意識付けされる。テレビ番組は、もっと踏み込んで、燃料がまだ存在している現代日本が、コネやえこひいきからどれだけ無駄遣いをしているかを公開すべきだ。

　最終的に国民は、公務員の数を減らす、もしくは可能であれば全員を取り除くことを要求するだろう。聡明な若者たちの心や、印鑑を押すだけの仕事に払われる納税者のお金は、今こそ日本や世界の将来のために、新技術の開発に活用されるべきだ。

　また、メディアは日本産のものを鼓舞する「日本支援」ブランドの背中を押すかのように、賛美歌を斉唱すると良い。そしてこの取り組みは、更に日本人が地元の食材を買い、地元の産業をサポートすることを奨励する。常に安価な外国製品を買う危険性を警告し、日本人の古い「ものづくり」精神

の誇りを大事に持ち続けるよう、国民を意識付けるのだ。

ソーシャル・エンジニアリング

　ところで高齢者はどうだろうか。減少する若い世代はどうだろうか。若さを取り戻したり、何もない所から生命を誕生させたりする技術はまだ存在しない。人は老いるし、生命は特定の段階を踏んで初めて産まれるものだ。その昔ながらの特定の段階が、また流行の先端となるべきだ。女性が安心して出産できるよう、政府は劇的な改革、またそう劇的ではないにしろ、さまざまなことを実践するべきだ。

　これまで述べてきたように、現代の日本の根本的な問題は、過去の借金返済のために未来から資金を調達することだ。つまり、資源が継続して若い世代から高齢者に直接流れていることである。多くの日本の退職者が年間5回〜10回ほど海外で余暇を楽しむ一方で、彼らの子供世代が孫の世代を作り出せないでいる。これは阻止されなければならない。この場合、日本の高齢者の大半が、権利の一部を失うはずだ。

　それだけではない。旧世代が好景気時代の受益者で簡単にお金が手に入った時代を生きた反面、若い世代は借金返済に苦しんでいる。大規模な民間貯蓄、さまざまな投資、私的年金を所持する旧世代は、同様にして公的年金を支給されるべきではない。したがい、資産調査は全ての高齢者を対象とする必要があり、民間貯蓄と民間年金で生活できる人々は、もはや公的年金の対象とするべきではない。公的年金とは、人道的に生活する水準に満たない市民のためのみに存在するものだ。こうすることで、公的年金や公務員への支払いをかなり減らすことができる。

　日本では、女性が長い間、キャリアと母親という二つの選

択肢の狭間で悩んでいる。しかし、これも変わろうとしている。これからは、女性、男性のための育児休暇が一年間採用されるはずだ。両親のどちらかが所属する民間企業、または政府からの資金で設立される保育施設に、子供を入れることができるようになる。基礎学力養成のない保育園には３歳未満の子供たちのみ入園する。その後は正式な幼稚園に入園させる。余ったお金は、両親が子供たちを迎えに来るまでの間、きちんと世話をしてくれる職員のために支払われる。この流れには、もはや女性のキャリア構築における強力な阻害要因はないだろう。しかし、まだ物事が完全に改善されるのに十分ではないので、政府は出産を奨励するための更なる積極的な対策を講じる必要がある。

　「利己的な遺伝子」の著者、リチャード・ドーキンスは、人口を増やす三つの方法を述べている。より多くの子孫を持つこと、平均寿命を延長すること、早い時期に子供を産むこと、というものだ。政府は一つ目のオプションは既に試したし、二つ目は明らかに不可能だ。三つ目の早い時期に子供を産む、という方法は促進できる。子供がいる家族には大幅な税金削減と奨励金の給付を適用する。この減税は21〜40歳の間に赤ちゃんを産んだ女性にも適用する。若ければ若い程、減税額を多くする。例外的なケースも考慮する。例えば、３年で大学の学位を取得し、大学院での研究を続けたい女性のために、減税の適用範囲を拡張する。新しい日本は起業家精神を育成すべきと私たちは考えている。学校、もしくは高等教育を完了したら、すぐに自分で起業をしたいという女性のための免税も用意するべきだ。税制上の優遇措置は子供が二十歳になるまで継続される。

　大学の学位を「３年間」で取得するというのは筆者のタイプミスではない。これからは、大学の学位の取得まで、履修科目は削減することなく期間のみ25％程短縮するべきだ。現在

日本では、高校生活や仕事が「本当の生活」であると考えられ、大学はその中間にある休憩のようなものと捉えられている。年配の人々は、若い世代の青春から気楽な日々を奪うのを承知で、このような制度を改定するべきだ。大学とは鍛錬する場所である。また、仕事とは仕事の振りをすることではなく、本当に仕事をすることである。全体的に改善すべき所がたくさんある。

　政府は積極的に介入している（おせっかいと言う人もいるかもしれない）だろうが、新たな経済では、農業を保護する分野からは身を引くべきだ。前述したように、ほとんどの日本人は、外国の米は「臭い」という。実際に味や匂いが違うのか、単なる文化的な偏見なのかは、私たちにはわからない。いずれにせよ、日本政府がコメ農家へ供給する莫大な補助金は廃止すべきだ。補助金は、市場に安い外国産のコメが流れ出すのを避けるのが目的だが、安価で健全な商品があれば、外国産であろうと市場に流出させるべきだ。これらの補助金により、農家がコメ以外何も作ることができないという偏りが生じてしまったのだから、政府からの資金供給に頼ることがなくなったら、多様化が促進されることだろう。

　環太平洋戦略的経済連携協定（TPP）は、ニュージーランド、チリ、ブルネイ、シンガポールを筆頭に結ばれた自由貿易協定である。その主な目的の一つは、2015年までに加盟国間全ての貿易において関税を0％にすることだ。それに加え、知的財産権、貿易における技術的障壁、政府調達方針、および多くの自由貿易に対する阻害要因を解決することである。アメリカ、オーストラリアなどはTPPに参加するための交渉を進めている。韓国、台湾、日本は交渉へ関心を示している。現在の日本の農業の実態を考慮すると、この条約に参加すべきことは明らかだ。農業は、日本のGDPに対し割合が小さいので、国の経済レベルから見ると、この影響はごくわずかだろう。

しかし、関税や補助金の撤廃による初期の衝撃により、予期せぬ社会的影響や、農業の衰退が起こりうる。ところが、一定の時期が経ち、また政府からの積極的な支援によって事態は好転するだろう。円に対する購買意欲の低下や、世界の主要穀物の供給不足により、小麦、大麦、大豆、トウモロコシなどの作物を栽培することが経済的に可能となる。一部の小規模農家が稲作をやめ、土地が一定期間、野放し状態となるが、時間の経過とともに、再び土地をより生産的に活用しようとするだろう。これによって日本農家の農業基盤は多様化されていく。

　現在ギリシャで見られるように、経済危機と苦難の時、貧しい都市住民は田舎に引っ越し、自給自足の生活を試みる。近い将来、経済情勢が困難に陥る場合、日本でも同様なことが起こるかもしれない。

　政府は農業を学ぶ学生へ奨学金を給付し、バックアップすべきだ。奨学金は、特定の期間に実際に農地で働くことによって、返済することにすれば良い。この新世代農業は、革新的で独特のアプローチ方法を学んでいくべきである。スペースの活用を改善し、多様化を実践する。そして農業を学ぶ若者が、技術系の学生と連携し、新しい農業技術を開拓することだろう。

　私たちが描く日本の目指すべき未来への道筋は、決して平坦なものではない。また多くの犠牲を払うことになるかもしれない。しかし最終的には、日本という偉大な国が危機からの再生に成功し、明るい未来へと進み続けるだろう。私たちは日本と日本人を信じている。日本は再び立ち上がって、世界を驚かせるに違いない。

◆　◆　◆

訳者あとがき

　本書のオリジナルバージョンで、英語版である「Kamikaze Economics」が出版されて約7ヶ月後に、是非多くの日本人にも読んでもらいたい、という筆者2人の強い想いがあり、日本語版の「ZERO経済」が誕生した。

　本書を翻訳する最中に、政権が交代し、レーガノミクスならぬアベノミクスと言われる、金融政策が始まり、本書に書かれているいくつかの事柄が実際に次々と現実となって行く中で、筆者2人には改めて畏敬の念を抱かずにはいられなかった。同時に、できるだけ早く日本語版を世に送り出さなければ、予想が予想でなくなるというプレッシャーをも感じた。

　実際のところ、経済は複雑なロジックで動いていくし、予期せぬ反動も起こり得る。経済を正確に予測することなど不可能に近い。しかし、「ZERO経済」には、ある程度の強い説得力と信憑性がある。リアルな日本でリアルな生活をした外国人の筆者2人は、外国人が完璧に日本人の心を持ち、完全に日本人になることは不可能であることを認識しつつも、その独特な立場から、日本を形成してきた、さまざまな要素を多角的な視点から捉えようとしている。また、彼らは日本人が無意識に縛られている先入観や偏見にも捕われてはいない。

　本書の翻訳を行うにあたり、尊敬する2人の筆者の考え方

を共用できたこと、日本語訳という形で本書に新たな命を吹き込むことができたことは、大変名誉なことだと感じている。また、訳者にとって、未知の領域に足を踏み入れることになり、なんとかその領域を理解しようと奮闘することで、自己啓発の面でも貴重な経験となった。また、これをきっかけに筆者2人とその周囲の方達との交流を更に深めることができたのも、素晴らしいボーナスである。

　そして、今回翻訳をするにあたり、たくさんの方々にお世話になり、大変感謝をしている。内藤さんは、日本語訳を終えた直後の読みづらい状態の文章を辛抱強くレビューしてくださった。渡邊さん、村上さん、田中さんは、おおまかな部分で理解しづらい点を指摘してくださった。源さんは、ある程度できあがった文章の全体の校正を行い、同時に経済の知識を訳者に注入してくださった。岸本さんは、最終段階の文章の誤字・脱字を全て確認してくださった。

　また、何度か心が折れそうになった時に精神的に励ましてくれた家族や周りの友人にもお礼を言いたい。本書の著者の一人であるアダムのご家族の皆さんは、何度もおいしいディナーとお酒で、素晴らしい息抜きの時間を提供してくださった。これら皆さんの暖かいサポートがなければ、きっとこの翻訳を途中で放棄し、どこかへ逃亡していたに違いない。

2013年6月15日

田中　富美

Made in the USA
Charleston, SC
09 July 2013